サラリーマン副業2.0

人生が好転する「新しい稼ぎ方」

Masahiro Kobayashi
小林　昌裕

PHP
Business Shinsho

PHPビジネス新書

はじめに　——あなたは「今が絶頂！」と言えますか？

先日、都内の定食屋で生姜《しょうが》焼き定食を食べていたら、隣の席に座っていたサラリーマン2人組が、こんな会話をしていました。

話の雰囲気から察すると、どうやら会社の先輩と後輩のようです。

先輩「そろそろ仕事慣れてきた？」

後輩「はい、なんとか……。社会人は大変っすね！」

先輩「まあな、俺は学生時代がいちばん楽しかったよ……」

後輩「チョーわかります！　自分も同じっす！」

先輩「あ～、あのころに戻りてぇ～」

後輩「ですよね～。自分も同じっす！」

その会話を横で聞いていた私は、

「まったく共感できない……」

と思いました。

でも、「学生時代がいちばん楽しかった」と思っている人は、案外多いのではないでしょうか。なぜだと思いますか？

ちょっと厳しい言い方になってしまいますが、彼らは、**今を本気で生きていない**からです。自分の本当に達成したい目標や夢に向かってワクワクしながら本気で生きていれば、

「今が絶頂！　今が最高に幸せ！」

と感じられるはずです。

私自身、学生時代に戻りたいなんて、1ミリも思いません。

大学生のときは趣味の音楽に夢中で、ライブ活動に明け暮れる毎日でしたが、そのときが絶頂でした。

社会人になりたてのときは、新しい仕事を早く覚えて一人前になりたくて、そのときが絶頂でした。転職をした26歳のときは副業に目覚め、サラリーマンをやりながら副業に挑戦していくことにワクワクしていて、やっぱりそのときが絶頂でした。

サラリーマンを卒業した31歳のときは、収入の柱の増やし方を人に伝えていくことに夢中でやりたいことが多すぎて、そのときが絶頂でした。

自分の経験を活かして、世の中の人たちに副業の面白さを知ってほしいと思い、一般のビジネスパーソンや主婦に副業の手ほどきをする「副業アカデミー」を開校して1年7カ月が経過した現在、受講生が７００名を突破し、講師陣の書籍もプロデュースして、今後の展開も次々と明確になってきて、やりたいことがますます増えてきました。

心の底から、今が絶頂、今が最もエキサイティングで最高に幸せだ、と感じます。

こういう話をすると、「今の自分のレベルではとても絶頂とは言えません！」とか、「あなたはそんな高いステージにいるから幸せなんだ！」と反論する人もいるでしょう。

しかし、私が言いたいのは、そういう次元の話ではありません。

大事なのは、

「今の自分のレベルで本気で目標に向けて生きているか？」

「つらくても裏切られても、足を止めることなく、自分が目指す新しいステージに情熱をたぎらせているか？」

こうした自分への問いに答えられるかどうかです。

今が絶頂だ、と心から自信を持ってそう言える状態こそが、最も尊く、人間が最高に輝く状態なのです。

生姜焼きを食べながらこんなことを考えている私は、完全に変人かもしれません。ただ、この〝ゾーン〟に入ることこそがビジネスパーソンにとって何よりも重要であることを、本書を手に取ったみなさんに、まず初めに伝えたかったのです。

⦿親族の葬式にもまともに参列できなかった会社員時代

私は今でこそ、経営者、事業者、投資家、講師など、複数の収入の柱で生計を立てていますが、最初からビジネスの才があったわけでも、抜群に優秀なビジネスパーソンだったわけでもありません。20代のころは傍目《はため》にはごく普通の平凡な若者、それもダメリーマンの一人に過ぎませんでした。

大学を卒業後、業界トップシェアの大手建材メーカーに就職するも、「これで人生安泰なのかな」なんて思っていたのは入社して最初のうちだけで、すぐに厳しい現実を突き付けられました。

営業職として各地の現場を飛び回り、会社に戻ると書類仕事に追われ、会社から与えられていた携帯電話は絶えず鳴りっぱなし状態。携帯電話の発着信履歴30件が午前中でいっぱいになるという有り様でしたが、その忙しさから「俺って、デキるリーマンじゃね？」みたいな陶酔感に浸っていました。むしろ、そう思わないとやっていられない精神状態だったのでしょう。

毎朝8時前には出社し、帰りは終電。ゴミや洗濯物はどんどん溜まり、土日に掃除洗濯をして、ほとんどプライベートの時間は持てません。まさに社畜同然でした。

入社して3年ほど経ったころでしょうか。幼いころから私のことを可愛《かわい》がってくれていた祖母が亡くなり、葬式に参列しました。葬式の間は携帯電話をマナーモードにしていましたが、それでも携帯電話はひっきりなしに着信しているわけです。気もそぞろで葬式を終えたあと、親族が集まって撮影した集合写真を見て、ドキッとしました。

喪服に身を包んだ状態で、私はそのときも携帯電話を耳に当てていたのです。大事な人の葬式すら、まともに参列できないなんて……。とっさに「これはヤバい」と思いました。**このままでは、人間としてダメになってしまう。**

⊙上司の姿を見て退職後が心配に

そこから転職活動を始めて、26歳で別業種へと転職を果たしました。そこではある程度余裕を持って働けたのですが、今度は先輩や上司たちの姿を見て、「将来の自分が見えてしまった」という焦りを感じてしまいました。

当時の私は年収350万円ほど。会社全体の平均年収は約650万円で、月々の給料にすると額面40万円、手取り30万円台前半でした。ごく平凡なサラリーマンといったところです。

職場の課長がちょうど40歳で、ボーナスなども合わせたら世間並みの収入はあったはずなのですが、結婚して奥さんと子供を養っていると、決して生活に余裕はないようでした。月々のお小遣いは3万円と決められていて、「節約しながらどうにかやっているよ」という感じでした。

40歳になっても、毎月自由に使えるお金が3万円しかないのか……。

さらに気持ちを暗澹《あんたん》とさせたのは、老後について考えたときでした。生涯賃金と年金受給額を計算し、それから退職後の毎月の出費を計算して考えると、どう考えても老後に必要な額(約3000万円)に届かないのです。

40歳の課長の姿を見て、10年後は自分もこうなっているのかと、先が見えると同時に、

「退職後の生活はヤバいことになるのではないか」

「会社に依存して給料をもらっているだけというのは、もしかすると、

かなり危ない状態なんじゃないか」

と、漠然と不安な気持ちになったのです。

⊙まずは1つでいいから、「実行する」

そこでなんとか給料以外の収入を手に入れたいと考え始め、思いついたのが、**「副業」**です。そして、副業をしたからこそ、今の私があると言っても過言ではありません。

副業というと、本業以外の会社に勤めたり、あるいは自分で会社を起こしたりというような、とてもハードルの高いものをイメージする人も多いかもしれません。

しかし、本書を読み終えるころには、きっと副業のイメージがガラリと変わっているはずです。

どこかネガティブで難しく捉えられる副業のイメージを変えたい。最新のITを駆使しながら、誰でも楽しく稼げるようになってほしい。それが本書を書くいちばんの目的であり、本書のタイトル『サラリーマン副業2.0』に込めた思いです。

本書では次の通り、一つひとつ説明していきます。

序章では、副業を取り巻く社会環境に触れ、なぜあなたが「危機意識」を持たなくてはいけないかについて。

1章では、副業を始めるうえでの「心構え」について。

2章では、副業の種類と、収入の手段となる「クラウドソーシング」について。

3章では、今流行《はやり》の「ウーバーイーツ」を活用した副業について。

4章では、エキストラやアンケート調査など、少し変わった副業について。

5章では、損せずに得する「ソーシャルレンディング」について。

6章では、ヤフオク!等で仕入れてアマゾンで販売する転売副業について。

7章では、副業が本業にもいい効果をもたらす理由について。

8章では、モチベーションが下がったときに読んでもらいたい「副業成功者の習慣」について。

もし本書を手に取るあなたが、先ほど述べた会社員時代の私と同じような状態に陥っているのなら、そこから抜け出すための手段の一つとして副業を選択することを強くすすめます。

もちろん、複数の会社で働く「ダブルワーク」や、株式投資や不動産投資といった上級者向けの副業もアリです。ただ、これまで普通に会社に勤めていたビジネスパーソンの方がいきなりこういったものに手を出すのは、少々ハードルが高いと感じるでしょう。

まずは比較的ライトにできる初心者向けの副業から始めて、徐々に副業の幅を広げていくのがオススメです。

本書では、「アマゾン物販」や、「クラウドソーシング」を使ったネット副業、「ウーバーイーツ」の宅配、「ソーシャルレンディング」など、さまざまな副業を紹介していきますが、一つ約束してほしいことがあります。

それは、もし**本当に副業に興味を持ったなら、どれか1つでいいから〝実行する〟**ということです。

これまで多くの人たちに副業をすすめてきました。ところが実際に興味を持ってくれた人が１００人いたとして、そのうち実行してくれる人はおよそ10人、さらに継続して続けられる人は、その半分にも達しません。

つまり、実行して副業の果実を得られる人は、１００人中たったの２～３人なのです。

本書の読者には、〝実行する〟、〝継続する〟というハードルを、どうか乗り越えてほしいのです。乗り越えた先には、今とはまったく違う景色が目の前に広がっているはずです。平凡な人生から一歩抜け出して、「今を本気で生きる」ためには、実行しかありません。

やるか、やらないか、です。

２０１９年１月

小林　昌裕

サラリーマン副業2.0◉目次

1章

100人に1人の成功者になるために必要なこと～絶対に外せない「心構え」

2章

「最初の一歩」はサイト登録から始めよ～タイプで選ぶ「副業モデル大全」

3章

自分のペースで自由に稼ぐ最先端の働き方〜超簡単！「ウーバーイーツ副業」

4章 趣味や特技、スキルを売って楽しく稼ぐ～一度はやりたい！「オモシロ副業」

5章

貯金、投資信託より絶対にお得！「ソーシャルレンディング」～損せず儲ける「マネオ投資術」

6章

「安く買って、高く売る」最高の〝宝探し〟～「アマゾン物販」の㊙ノウハウ

7章

副業が本業にもプラスになる～スキルとマインドが高まる「副業の力」

8章

思考と行動を変えればすべてうまくいく～副業成功者が実践する「12の習慣」

特別付録　あなたに合った副業を探そう！

イチ押し▼「クラウドソーシング」一覧

序章

できるビジネスパーソンは副業を始めている

～「人生100年時代」と副業

Key word

■副業解禁

■「時間外労働の上限規制」

■「人生100年時代」

「教育→仕事→引退」の
〝昭和型キャリアプラン〟から
逸脱しろ！

⦿―大手企業がこぞって副業解禁

これからの日本社会では、誰もが副業をするのが当たり前の時代がやってきます。その動きはまだ始まったばかりですが、政府主導で副業が推進されているのが実情です。2018年は「**副業元年**」と言われ、今後数年のうちに、この動きは加速していくでしょう。『日本経済新聞』でも、次のように報道されています。

「大副業時代の幕開け　政府・企業が後押し」
（2018年5月6日付『日本経済新聞』電子版）
企業などで副業を認める動きが広がり始めた。趣味で培った技能を副業で発揮したり、副業で得た人脈を本業に生かしたり。政府もガイドラインを策定して副業解禁を後押しする。日本でも幕を開けた「大副業時代」の実態を探った。（中略）
後押ししたのは厚生労働省の方針転換だ。1月に「副業・兼業の促進に関するガイドライン」を作成。副業の壁だったモデル就業規則の「許可なく他の会社等の業務に従事しないこと」という規定を削除し、「原則的に副業を認めるべきだ」と副業解禁にかじを切った。「働き方改革」の一環で、個人には様々な知識・スキル獲得や副収入など、企業には人材の有効活用や社員の底上げといったメリットがある。

厚労省は「IT企業などから副業を認めないと優秀な人材が集まらないという危機感を訴える声が聞かれた。『原則、勤務時間以外の自由行動を制限できない』という判例もあり、企業にもう一度、労働者との関係を考え直してもらいたいと考えた」（労働基準局労働関係法課）と説明する。

すでに、ソフトバンクグループ、新生銀行、ユニ・チャーム、ロート製薬、コニカミノルタ、ソニー、花王、三菱自動車といった大企業でも副業を認め始めており、今後幅広い業種・業態へと拡大していくと見られています。

定年まで正社員で働ける人はごく一部

なぜこれほど副業が拡大しているのか。その理由は、現在の日本社会が直面している問題にあります。

すなわち、**「少子高齢化」**です。

国立社会保障・人口問題研究所が発表した「日本の将来推計人口」（２０１７年）によると、２０１５年時点で１億２７００万人いた日本の人口は、今の若者が高齢者となる２０６３年には９０００万人を下回り、さらに１００年後の２１１５年には５０６０万人まで激減すると試算されています。

それほど遠い将来の話でなくても、**東京オリンピックが終わった数年後の２０２４年には３人に１人が65歳以上という「超々高齢化社会」が訪れようとしています。**

政治経済や外交問題に関する未来予測というのは、必ずしも当たるものではありません。ただし、少なくとも人口予測に関しては極めて高い精度で的中します。

自身と日本社会の将来を考えるうえで、〝人口減少〟と〝高齢化〟は、大前提となるのです。

これは、かつて当たり前だったはずの**〝昭和型キャリアプラン〟が、まもなく終焉《しゅうえん》を迎えようとしている**ことを意味します。

経済産業省の試算によると、「正社員になり定年まで勤めあげる」という生き方をする人は、1950年代生まれでは34%だったのに対し、1980年代生まれでは27%。

「結婚して、出産して、添い遂げる」という生き方をする人は1950年代生まれでは81%いたのに対し、1980年代生まれでは58%にとどまります（次官・若手プロジェクト「不安な個人、立ちすくむ国家」平成29年5月）。

「夫は定年まで正社員」「妻は子持ちの専業主婦で、一生、夫に添い遂げる」という昭和のモデルケースのような家庭は、もはやごく一部の富裕層に限られると言っていいでしょう。

⊙——多くの人が、思ったよりも長く生きる

定年年齢も段階的に引き上げられており、1980年代前半までは55歳が一般的でし

たが、1986年に高年齢者雇用安定法（高年齢者等の雇用の安定等に関する法律）が制定されると60歳定年が努力義務に。2000年の改正法では65歳定年が努力義務となり、2012年改正法で完全に義務化されました。政府は現在、70歳定年を目指していますが、これまでの流れから考えると、2020年代には実現するでしょう。

「人生100年時代」と言われるなか、健康な人であれば、80歳ぐらいまで働き続けるのが当たり前になるはずです。

政府が定年を延長したがる理由は、言うまでもなく公的年金の受給開始年齢を引き上げるためです。

年金を含めた社会保障にかかる費用は、2011年度は約108兆円だったのに対し、2025年度は約150兆円まで増大すると見られています（厚生労働省、2012年推計）。およそ1・5倍です。日本政府はすでに莫大な借金をしているのに、これ以上の財政支出は不可能です。このままでは、年金制度は破綻してしまうのです。

今の40代が高齢者になって年金を受け取れるのは、75歳か80歳になってから、なんてことになりかねません。しかも、給付額が大幅に減るのは間違いありません。

現在の医療費の自己負担割合は6～70歳が3割、70～74歳が2割、75歳以上が1割（70歳以上でも現役並み所得者は3割負担）となっていますが、いつまでも高齢者を優遇し続けることは、財政上不可能です。2019年10月には消費税が10％に増税されるかもしれませんが、まだ足りない。今後15％、18％、20％という具合に、上がり続けたとしても、まったく不思議ではないのです。

仮に75歳まで定年が延長されたとしても、すべての人が健康で働き続けられるとは限りません。2017年の日本人の平均寿命は女性が87・26歳、男性が81・09歳（厚生労働省「平成29年簡易生命表」）ですが、平均寿命はさらに伸びる可能性が高いのです。

平均寿命とは、その年に生まれた赤ちゃんがその後何年生きるか推計したもので、たとえば、2017年生まれの女性なら平均87・26歳まで生きるということです。一方、ある年齢の人が、この先何年生きるかを推計したものは**「平均余命」**と言います。

たとえば、2017年に65歳の女性なら、平均余命は24・43年（前出の簡易生命表）なので、89・43歳まで生きることになります。

つまり2017年において、0歳の女性の平均寿命は87・26歳でも、65歳の女性は

89・43歳まで生きるということです。自分が何歳まで生きるかを考えるときは、平均寿命ではなく平均余命で考えなくてはなりません。

平均余命で考えると、男性は90～100歳、女性は100～100歳超まで人生は続く可能性が高いと思ったほうがいいでしょう。

医療経済学者で長浜バイオ大学教授（医学博士）の永田宏氏によると、今後も医療技術の進歩に伴い、平均余命はさらに伸びる可能性が高いと強調しており、平均寿命を基準に考えていると、多くの人が〝思ったより長生き〟してしまうことになるそうです。

⦿――今の40代が将来、「貧困老人」になるケースも

仮に75歳まで定年が延長されたとしても、「人生100年時代」を前提とするなら、さらに20年以上は年金をベースに自活しなくてはなりません。

夫がサラリーマンで妻が専業主婦の場合、老人夫婦世帯の年金受給額は、現在は約22

万円ですが、今後確実に受給額は下がっていくでしょう。今の現役世代が高齢者になるころには、元金が戻ってくるかどうかすら怪しいと思います。

要するに、年金はほとんどアテにできないし、受け取るとしてもせいぜい5万〜10万円程度という覚悟が必要です。

ゆとりある老後生活を送るためには、毎月38万円ほど必要と言われます。しかし、年を取れば大きな病気をする可能性も高まりますし、老人ホームに入居するとなれば、入居一時金だけで1000万円、毎月の居住費を含む生活費が20万〜30万円かかりますから、38万円というのは決して贅沢できる金額ではなく、現役時代と同程度の生活水準を維持するために必要な金額になります。

少なく見積もっても、夫婦2人で毎月最低25万円ぐらいは必要ですが、これは年間にすると300万円。**老後が20年間はあるとすると、6000万円は必要**になります。

これだけの額を確保できる人は、サラリーマンではごく一部のアッパー層に限られるでしょうし、そういった人たちでも、現在の給与水準が退職するまで維持できる保証はまったくありません。

たとえば、**今40歳ぐらいの人が、もらえる年金を考えずに、定年までの30年間で6000万円貯めるには、年間200万円、月々17万円弱を貯金する必要があります。**

そんな金額の貯金、本業だけではとてもできません。

潤沢な老後資金のない人びとは、確実に生活水準が下がります。質素な暮らしが維持できればまだ良いほうですが、病気などしてしまったら、一気に生活は破綻します。伴侶に先立たれた場合は、とくに男性のほうは生活が乱れてすさんだ暮らしになりがちです。

量販店で購入したヨレヨレのフリースやサンダルを着用し、食事はスーパーの見切り品。昼から発泡酒やパック入り焼酎を飲んで酔い、ネット動画で時間をつぶす日々。

こうした**「貧困老人」**は今後激増するはずです。そんな生活を続けていると、家族や友人とも疎遠になり、最期は風呂場で孤独死……。

そんな悲惨な最期でいいのでしょうか。こうなる前に、できることはあるでしょう。

◉―「時間外労働の上限規制」の本当の目的は、人件費削減

こうした動きに追い討ちをかけるように、政府は労働基準法を改正し、**「時間外労働の上限規制」**を打ち出しました。

これまで残業時間は**「月45時間、年360時間まで」**とされていましたが、法的強制力はなく、青天井《あおてんじょう》でいくらでも残業することが可能でした。そこで今回の改正法では、法律により上限を設けたのです。大企業では2019年4月、中小企業では2020年4月から適用（特例あり）され、時間外労働は確実に減ります。

これはすなわち、**企業側がこれまでのように無制限に残業した分の残業代を払うことができなくなった、**ということを意味しています。

残業時間の短縮化に伴い、実質的に給与が削減される人も出てきます。会社に所属していれば将来は安泰、という時代は、もう終わりを迎えているのです。

時間外労働の上限規制は、表向きは働き方改革ということで、過度な残業はやめましょうということですが、企業や経営者の立場から代弁すれば、その本当の目的は**人件費**

の削減です。

サラリーマンだと、「あと1時間残業すれば、2000円残業代増えるな」という考えは、どうしてもありますよね。でも、経営者としては、そういうことはもうやめさせたいわけです。

今はまだ、月3万円とか5万円ぐらい残業代を付けて、それで手取りがやっと25万〜30万円という人は、決して珍しくないでしょう。

でも、その残業代がなくなって手取りが20万円少々となると、かなり「ヤバい」状況です。17万円を貯金する余裕なんか、とてもありません。

⦿――日本はもはや「豊かな時代」ではない

国際社会に目を向ければ、電子マネーの普及やドローンの技術などを見ると、日本はすでに中国の後塵を拝しています。中国では、20代の社長が年商数百億円の会社を立ち上げていたり、何を買うにもキャッシュレスが当たり前。

一方、日本は鎖国状態でどんどん離されていき、国際的な競争力は低下していきます。ＧＤＰ（国内総生産）も中国だけでなく、ドイツにまで抜かれてしまいそうです。

そうなると、世界的に見てもジリ貧になっていくわけで、**何もしないで給料が上がるなんてことは、絶対にありえない**のです。

昭和型のキャリアプランでは、家庭のことは放ったらかしで、会社に対して全人格的に没入することも可能でした。そうすることが求められていて美徳とすらされており、会社側も十分な報酬や待遇で応えることができました。

ただし、今の社会では終身雇用は事実上崩壊しており、自分自身の生活や家庭生活を犠牲にしてまで会社に奉仕することは、むしろ危険であり、馬鹿馬鹿しい行為であると理解するべきです。

リンダ・グラットン氏は著書『ＬＩＦＥ　ＳＨＩＦＴ（ライフ・シフト）　１００年時代の人生戦略』（共著）において「１００年ライフ」の到来を予測し、「教育→仕事→引退」という旧来の人生設計が過去のものになると提示しています。

人生が短かった時代は「教育→仕事→引退」という古い3ステージの生き方で問題なかった。しかし、寿命が延びれば、二番目の「仕事」のステージが長くなる。引退年齢が70〜80歳になり、長い期間働くようになるのである。

90〜100歳で死ぬのが当たり前になれば、80歳ぐらいまで働くことになるのは、何ら不思議ではありません。

定年延長について「死ぬまで働けというのか！」とネガティブに捉える人も少なからずいるようですが、「その通りです」と言いたいです。

これまで説明してきたように、年金や健康保険といった社会保障費は財源的に極めて厳しいと言わざるをえません。「60歳で定年を迎えて、老後は悠々自適に……」なんて悠長なことを言っていられたのは、70歳ぐらいで死ぬ時代で、なおかつ高度経済成長やバブル経済の余韻がまだ残っていた時代、すなわち「日本が豊かだった時代」の話です。

日本は先進国であるとはいえ、もはや世界をリードしているとは言えないでしょう。

停滞国、あるいは没落国ぐらいが、正しい呼び方と言えるのではないでしょうか。日本はもはや、それほど豊かな国ではないのです。

だからこそ、生涯働き続けることから逃れることはできないのです。

⊙——お金だけではない副業のメリット

「死ぬまで働く」と言うと、苦役《くえき》が死ぬまで続くかのように捉える人もいますが、そういう人はぜひ、考え方を変えてみてください。

たとえば、ニトリホールディングス会長の似鳥昭雄氏は1944年生まれの74歳ですが、今なお第一線でグループをリードしています。セブン&アイ・ホールディングスを長く率いてきた鈴木敏文氏は1932年生まれの86歳ですが、現在は名誉顧問として仕事を続けています。両氏とも、その年齢には見えないぐらい若々しく、エネルギーに満ちあふれています。

「有能な経営者は特別なんだ」と乱暴に思考をストップしてはいけません。実際、経営者に限らず、スーパーの店員さん、タクシーの運転手さん、農業や漁業をしている方々など、ごく普通の仕事であっても、働き続けている人は健康的、若々しさを保っています。

逆に、退職した途端に家に引きこもって、運動もせずテレビばかり見ていて、あっという間に老け込んでしまったり、病気になってしまったりという人は、いくらでもいます。健康で長生きするためにも、適度に働き続けたほうが絶対に良いのです。

「教育→仕事→引退」という昭和型キャリアプランが崩れると、人間関係や人付き合いについても、考え直す必要が出てきます。

会社だけの人間関係ではなく、趣味や副業など多様なコミュニティを持つことが、より豊かな人生につながります。

副業に対して、経営者側はまだ抵抗感が根強いですが、副業をすることは単に副収入を得るだけでなく、**世の中のニーズを知り、自分自身の適性を再発見することにもつながります**。新たな領域に挑戦することで、社外の人から意外な評価を得られることもあります。つまり、**副業をすることによって本業も伸びる**というケースが少なくないのです（詳しくは7章で解説します）。

⦿──副業が転職のステップになる

給与が低いことを理由に転職を考えている人は、読者のなかにも少なからずいると思いますが、転職する前に、副業をステップとして始めることを強くオススメします。**副業は現状を維持しながらプラスアルファで副収入を得て、同時に自分自身のスキルを磨いていくことができます**。

副業によって仕事のキャパシティーが広がれば、転職活動もラクになります。副業をやってみて自信をつけて、それでも転職したいと思えば転職すればいいのです。

さらに**副業を始めると能動的になります**。今、転職市場が非常に活況ですが、受動的な人間はどうしても面接で見破られてしまうので、受け身の姿勢で転職市場に飛び込んでも、採用してもらえるとは考えられません。

私も最近、副業アカデミーの講師や運営スタッフを採用する際に面接することがありますが、自発的な人間かそうでないかは、会って話をすればすぐわかります。

能動的に動ける人間になれれば、転職をするとしても、うまくいきます。転職を考えている人には、転職活動を始める前に、副業を試してほしいです。副業で経済的にゆとりができれば、転職する必要がなくなるかもしれません。

◉──この5年で副業を取り巻く環境は激変した！

近年、スタートアップ企業やベンチャー企業による新しいウェブ（アプリ）サービスが次々と生み出されています。

飲食店のメニューをデリバリーする「**Uber Eats**（**ウーバーイーツ**）」や、フリーランスに案件ごとに仕事を依頼できる「**Lancers**（**ランサーズ**）」や「**Crowd Works**（**クラウドワークス**）」、家事代行サービス「**タスカジ**」など、この5年ほどで副業の環境は劇的に変わりました。

こうした新しいサービスを実際に使いこなし、副収入を得ることで、同時に**自身の**

ビジネスセンスが磨かれ、今、世の中で求められているものは何かがつかみやすくなります。

また、今は副業に注目している人は限られており、新規参入者のうまみも十分に味わえるはず。副業に挑戦しないなんて、もったいない！

仕事ができる人ほど、すでに副業を始めています。

本書を手に取ったみなさんにも、ぜひ、副業の素晴らしさを知り、自身をアップデートしていただきたいです。

◉──「くれくれマインド」では失敗する

そうはいっても、会社への依存心が強いまま、ダラダラと働いているだけの人が、急に副業を始めてすぐに成功するかというと、なかなか難しいかもしれません。「講師が手取り足取り教えてくれる」「この本を読めば結果が出る」という他人任せの「くれくれマインド」では失敗します。

副業を成功させるには、ステップを踏むことが重要です。

まずは、**現状把握**。本章を読んで、今の日本のサラリーマンのほとんどが、現状のままでは将来が危ないということがわかったと思います。その危機意識をまず持つこと。

そのうえで、「自分自身が変わらなきゃまずい」「何かをしなきゃいけない」と思わないことには、何も始まりません。

始めるときには少しは恐怖もあると思いますが、一つひとつ壁を乗り越えていくことで少しずつ能動的に変わっていき、結果が出れば自信もついていきます。

次章では、副業を始めるにあたって必要な「**心構え＝マインドセット**」について説明していきます。

序章のまとめ

「教育→仕事→引退」という“昭和型キャリアプラン”が崩れた今、会社だけの人間関係ではなく、趣味や副業など多様なコミュニティを持つ人だけが人生を謳歌できる。

現状を打破する **第一歩**

なんでもいいから、副業を簡単に始められるアプリやウェブサイトなどのサービスをダウンロードする。

1章

100人に1人の成功者になるために必要なこと

～絶対に外せない「心構え」

Key word

- 副業の原理原則
- やる人とやらない人の摩擦
- 危機感

「チャンスの女神」を見つけたら、
ヘッドロックをしてでも
前髪をつかめ！

これからさまざまな副業のノウハウを解説していきますが、副業アカデミーの代表として多くの受講生を指導してきて実感することが1つあります。

それは、**ノウハウよりも「心構え」のほうがはるかに重要**だということです。

どの副業が自分に適しているかは「どのくらいリスクを取れるか」「どのくらいお金を投資できるか」で変わってきます。ただし、どんなジャンルの副業をするとしても、「やるぞ！」という「心構え」が整っていないと、絶対にうまくいきません。

逆に言えば、心構えさえしっかりしていれば、どんなやり方を選んでも結果は付いてきます。

そこで2章以降で具体的な手段を解説する前に、本章で副業をするうえでの「心構え」や「勇気」の話をさせてください。ただし、私の著作やブログをすでに読まれ、手っ取り早くノウハウだけ知りたいという人は、読み飛ばしていただいても構いません。

副業成功のセオリーは、「心構え→手段」

さて、そもそも副業を始めようとする人が陥りやすい失敗の一つに、手段ばかりを追い求めてしまうことが挙げられます。

「今はアフィリエイトですか?」「転売ですか?」「不動産を買えばいいんですか?」「投資信託はどうでしょう?」「仮想通貨は儲かりますか?」などなど、儲ける手段を気にする人はとても多い。

でも、先述の通り、手段以上に大事なのは、「心構え」です。言い換えれば「心のあり方」とも言えます。実際は、この「心のあり方」と「手段」の両方が大事になってきます。

どれだけ正しいノウハウや手段があったとしても、その人自身のマインドが付いてこないと、良い結果を期待することはできません。

もちろん、「心構え」だけあって「手段」が疎《おろそ》かだったり、実務的な作業ができない人などもまた、収入化は厳しいと言えます。

どちらもバランスよく整えていくことで、副業の再現性は高まります。つまり、バランスを整えれば誰でもできるということです。

したがって、副業成功のセオリーは、

「心構え」……「心のあり方」を整える

↓

「手段」………自分の好きな副業を選ぶ

これができれば、どんな副業でも平均以上の結果が出ます。

本気でやり続ければ、数千万円や1億円という規模も可能性はありますし、最低でも、毎月の収入を3万円から5万円くらい副業で増やすことは、誰でもできることです。

⦿──「3つの壁」を乗り越えられるか

副業に興味を持って本書を手に取った読者のなかには、本章を読み飛ばして次章以降で紹介する「手段」を先に読んだ方もいるでしょう。残念ながら、それだと副業は失敗します。

その理由は、人間が取る行動パターンを考えてみればわかります。

「何か副業始めようかな」と新しいチャレンジを検討するとします。今、この本を読んでいる方は、まさにその状態でしょう。

まずはインターネットや書籍などで情報収集して、「どれならできそうかな」「ダブルワークしてみようかな」「思い切って投資もいいかもしれない」なんて具合に、思いを巡らせます。この辺りまでは100人いたら、ほとんど100人クリアできます。

難しくなるのはここからで、「よし、やるぞ」と覚悟を決めるのが、まず難しい。これが**1つ目の壁**です。大抵はここで8割の人が脱落して、残れるのは一気に2割に絞られます。100人が「副業で稼ぎたいな」と思っても、強い気持ちで決意できるのは、

20人くらいしかいないということです。

さらに、「よし、やるぞ」と決意しても、行動を起こさない人がまた一段と多い。「ゼロをイチ」にできないのです。いざ決断して「よし、やるぞ」と誓っても、次の日にはもうやらない。これが**2つ目の壁**です。

この壁を突破して実行できる人は、さらに半分になります。20人が10人になって、この10人が、どれだけ三日坊主で終わらずに継続して続けられるかというと、これまた半分くらいになって、たった5人程度しか残らないわけです。これが**3つ目の壁**。

3つの壁を乗り越えても、目の前にはさらに高い山がそびえます。副業の結果が出るまでには、1カ月か2カ月ぐらいは最低でも時間を要する。さらに大きく成長するまでには、1年、2年とかかるものですが、それまで続けられる人はほぼいません。

つまり、**100人が副業という新しいチャレンジを検討しても、継続して結果を残せる人は多くて5人、場合によっては1人あるいはゼロという低い確率**なのです。

◉──PDCAを回す要領で副業に取り組め

副業を始めようとする人は、「決断ができない」「決断しても、行動ができない」「行動しても、継続できない」という「3つの壁」のどこかでぶつかって、フェードアウトしてしまうケースがほとんどです。

ダイエットにたとえるなら、「5キロ痩せたい」と思いジムに通う決断はできても、当日のカウンセリングをドタキャンするようなイメージです。

序盤からすごくハードルを上げてしまいましたが、**要するに継続すればいいだけ**の話です。あなたが「3つの壁」を乗り越え、100人に1人の存在になればいいのです。

ここまで来れば、もう安心です。

なぜなら、継続できる人には、何かしらの結果が出るからです。

いい結果が出る可能性はもちろん高まるし、仮に結果がイマイチだったとしても、次の行動を改善するアクションが取れます。いわゆる「PDCAサイクル」の要領で、これがグルグル回るほどいい結果が出てくる。これが成功する人のパターンです。

すでにお気付きかもしれませんが、この話は副業に限らず、人生すべてに言えることなのです。

「心構え」が整っていれば3つの壁を突破できて、継続できる人になります。

私はどこにでもいる平凡な男で特別な才能なんて何もなかったのですが、「この壁だけは突破しよう」という「心構え」を持てたことで、どの副業でもある程度の結果を出すことができました。しかも、それだけではありません。

前著『ふがいない僕が年下の億万長者から教わった「勇気」と「お金」の法則』（朝日新聞出版）でもご紹介しましたが、副業を始めたことで収入が増えた主人公の妻は、「私は世界で3本の指に入るほど幸せな女だと思う」と言っています、副業に必要な「心構え」が家族に向けられれば、家族が幸せになり、家庭も円満になるのです。

ちなみに、この主人公の妻のセリフは、私の妻が私にかけてくれた言葉そのものです。

心が変われば、毎年人生が変化する

こんな言葉を聞いたことはありませんか？

「心が変われば、態度が変わり、態度が変われば行動が変わり、行動が変われば習慣が変わり、習慣が変われば人格が変わり、人格が変われば運命が変わり、運命が変われば人生が変わる」

じつはこの言葉は、「**心が変われば、人生が変わる**」と省略してOKです。「心」が変わってくれれば、態度・行動・習慣・人格・運命は自動的・瞬間的に変わり、最後は人生が変わります。

普通の人だったら、人生が変わるほどの経験なんて、一生の間に1回あればいいほうでしょう。でも、心を変えることができれば、毎年人生が変化します。

たとえば、小さい勇気を持ってちょっと副業に踏み出すことができれば、毎年人生が変わっていく。今思ってもいないようなことを、1年後には「やりたい」と思うようになるのです。

たとえば私の場合は、3年前は自分の本を出すなんて、夢のまた夢でした。しかし、「心構え」を整えて出版に向き合ったら、何冊も本を出すことができ、さらに、今では副業アカデミーの講師陣の本をプロデュースすることまで考えられるようになりました。3年前から考えたら、ありえないくらいの人生の変わり方です。

副業アカデミーも同様です。2017年1月に「副業の学校をやろう」と思いつき、同年7月に開講。その後、わずか1年半で受講生が700人を超えました。

このように、人生とは自らの力でどんどん変えていくことができるものです。だからこそ、何かチャレンジを始める前に、まずは「心」を整えてもらいたいのです。

それでは、副業に必要な「心構え」を一つひとつ確認していきましょう。ポイントは5つです。

心構え① 半年から1年後に達成できるワクワクする目標を決める

1つ目は、副業で成功するために必ずやってほしいこととして、**「半年から1年後に達成できるワクワクする目標を決める」**。

たとえば、「半年後に、副業で月5万円稼いでいる」「1年後に、年収1000万円を超えて、マイホームを購入する」などです。

私の今の目標は、「半年後には副業アカデミーの受講生が1000名になり、全員が最低月5万円以上稼いでいる」ことです。

じつは2018年1月に「今年は、テレビに出演する」という目標を設定しました。すると、その年のうちに取材の連絡が入り、テレビ出演を果たしました。目標を決めていると、高確率で実現するものです。

「半年から1年後」という制限期間がポイントです。3年後とか5年後ではダメです。なぜなら、たった1年でワクワクする感性や視点、人生の目標が激変するからです。そのときの自分の価値観に合った目標を立てましょう。

心構え②　目標を達成したら、景色が変わるという期待感を持つ

2つ目は、「**目標を達成したら、景色が変わるという期待感を持つ**」ということです。

一歩ずつ階段を上り、月5万円稼げるようになるとしましょう。そこで初めて見える景色があります。階段を上りきるまでは、その景色を見ることができず、予想すらできません。上ってみないとわからないことなので、目標を持つことで、人生は毎年、変わっていくという期待感を抱いて、小さな一歩を踏み出してほしいと思います。

たとえば、月3万円とか5万円とか収入が増えると、今度は「どうしたら30万円稼げるだろうか」と考えるようになります。30万円稼げると、さらにその上を目指したくなるものです。

月50万円、さらに月100万円を突破するようになると、今度は「**どうしたらこの面白さを人に伝えられるだろう**」と考えるようになったりして、次々と人生の景色が変わ

っていきます。だからこそ、目の前の目標を「半年後、1年後に達成していく」という「心構え①」が、すごく大事なのです。

心構え③ 取れる範囲のリスクを取って、とにかく一歩踏み出してみる

3つ目は、**「取れる範囲のリスクを取って、とにかく一歩踏み出してみる」**。

危なすぎるリスクを取る必要はなし。表面化したら死ぬようなリスクは、私だって絶対に取りません。でも、たとえば「ちょっとこのイベントに行ってみよう」「今年は自己投資に10万円払ってみよう」など、自分が破綻しない程度のリスクを取ることは、じつはすごく大事です。

ところが、ほとんどの人がこういったわずかなリスクすら取ろうとしない。そうして人生が終わるときに「もっとリスクを取れば良かった」と悔やみ、人生を終えていきます。本当にもったいないことです。

多くの人が気付いていませんが、**リスクを取らないことが、じつは、最大のリスク**です。

ユーチューブにアップされている「人生が終わるときに、後悔することトップ10」という類の動画では、「リスクを取らなかったこと」が必ずランクインしています。小さなチャレンジから逃げ続けて、死ぬ間際になって後悔しても手遅れです。

だから、今から「少しのリスク」を積極的に取っていく人生を選んでください。

少しのリスクとは、取れる範囲のリスクのこと。家族を路頭に迷わせたり、自分の健康を害するようなリスクは取ってはいけません。表面化しても、どうにか乗り越えられるぐらいの大きさのリスクでいい。そのリスクを取って一歩踏み出すだけで、目の前の景色が変わっていきます。

心構え④　自分のためになる嫌なことを、3回に1回やってみる

成長するために取り組むチャレンジは、自分にとっては「嫌だな」「面倒くせえな」

と感じることが多いです。普通の人は、そういうときに3回のうち3回とも、エスケープしがちです。

でも、「嫌だな」「面倒くさいな」と思ったことを、3回に1回でいいから選べる人になると、周囲の人たちと比べたときに、何馬身も差をつけることができるのです。

そこで、4つ目の心構えは、**「自分のためになる嫌なことを、3回に1回やってみる」**。

たとえば、この前「赤坂で経営者が集まるお寿司会があります」と誘われました。「会費3万円ですけど、マサさん（筆者）、いかがですか」と。「すごい人たちいるから、来れば」と言われたわけです。でもその瞬間は内心、「面倒だし、嫌だな」と思ってしまう自分がいました（こう見えて、ビビリなのです）。「3万円だけ払うんで、その代わり欠席していいですか」という言葉が、つい口から出そうになりました。

でも、そういうときは思い切って「行きます！」と返すように決めています。

すると、率先して嫌なことをやっている効果なのか、いい出会いに恵まれることがあります。そうして帰り道に「嫌なほうを選んで良かった」と嬉しい気持ちになるのです。

自分の意志で嫌なことを選んだ結果、後悔する確率はすごく低いです。私の感覚では**「99％大丈夫」**と言っていい。

何か一歩踏み出すときには、自分にとってためになりそうな嫌なことを、3回に1回選べればいいのです。3回に3回選ぶと疲れちゃうので、「3回に1回」で十分。

これなら、誰もが気負わず実践できます。

「ワクワク感」があれば継続できる

初めて区分マンションの売買契約をしたときのことは、今でもよく覚えています。心のどこかで「失敗したくないな」と不安になりながら、震える手でサインしました。ところが、どうでしょう。やってみたら意外と順調に稼働しました。

初めてセミナーを開いたときも、ものすごくビビってしまい、当日の朝、「やっぱりキャンセルします」と参加者にメールを送りたくなりました。でも、「嫌だけどやろう」と思って開催したら、そのセミナーで300万円くらいの売上があったのです。

こうやって、嫌なほうを3回に1回選ぶ。そして取れる範囲のリスクを取って、一歩踏み出す。そうすると、**「ご褒美」として「ワクワク感」が付いてきます。**

ワクワク感というのは、言い換えれば「エキサイティングな自分」「過去最高な今」を感じる気持ちのことです。

「はじめに」でも述べたように、世の中の人たちを見ていると、過去のどこかで止まっている人がすごく多いと思います。「俺はあのとき、甲子園出たんだよね」「学生時代に戻りたい」「あのときがいちばん良かった」など過去の自分を肯定するビジネスパーソンはとても多いです。

でも、私は過去に戻りたいなんて、1ミリも思わないです。なぜかというと、**最低でも3回に1回は嫌なほうを選び、「人生の景色」を日々変えてきたことで、常に「過去最高の今」を感じながら生きてきたからです。**

じつは、これが副業を継続させるポイントです。

「嫌なほうを3回に1回選び、常にワクワク感を得る」ことができれば、自然と副業を継続できます。

副業が成功するかどうかは「継続できるかどうか」が最も大事な要素で、「コツコツがコツ」と言っています。継続することで「日常の底上げ」ができるようになり、習慣になるのです。

ＴＯＥＩＣで９９０点取りたければ、「嫌だな」と思いながらでも毎日30分、英単語の習得ができるかどうか。ダイエットだったら、糖質制限やトレーニングを「嫌だな」と思いながら継続できるかどうかです。副業も同じです。物品販売（物販）やウーバーイーツ、クラウドソーシングでも、ある程度継続することで見えてくる世界があるわけです。「コツコツ」ができる人は、どんどん人生を変えていけます。

心構え⑤　摩擦を恐れない

最後の５つ目は、**「摩擦を恐れない」**こと。どういうことかというと、チャレンジしている人とチャレンジしていない人との間には、必ず「摩擦」が起きます。「副業なんて怪しいビジネスはやめておきなよ」「失敗したらどうするの?」と、家族や友人から反対されるのは、よくあることです。これが摩擦です。

むしろ、摩擦が起きないことのほうが珍しく、起きて当然なのです。

私は副業アカデミーの受講生に、いつもこう言います。

「摩擦はつらいけど、喜びに変えていこう」

「みんながやらないことをやっているから、摩擦が起きる。それは行動の証だよ」

摩擦が起こっているということは、何かにチャレンジしたり、リスクを取ろうとして、周囲より秀でたり抜きん出たりした結果、何もしない人たちからバッシングされるということですから、それは「行動の証」であり、むしろ肯定的に捉えるべきです。

作家の瀬戸内寂聴さんも、嫉妬は「幸せだと認められている証拠」と言っています。

瀬戸内寂聴さんの秘書が本を出版しベストセラーになったとき、「寂聴の金魚のフンが」と、SNSで叩かれてしまいます。落ち込んでいる秘書に寂聴さんがかけられた言葉が、**「あなたが幸せだって認められた証拠よ」**。

思わずため息が漏れるほど、共感しました。

私も以前、自分の著書が「アマゾンレビュー」の5段階評価で星1つだったことがあります。「こいつ怪しい」「信じられない」「役に立たない」と、根も葉もないようなことまでたくさん書かれました。

でも、これは出版という普通の人がやらないチャレンジをしたことで、摩擦が起きたということ。自分が何かにチャレンジをした証拠と捉えれば、**「摩擦が起こって嬉しい」**と前向きな気持ちになれます。

そういう考え方ができるようになると、次第に摩擦が少ない状態に物足りなさを感じるようになり、「チャレンジのレベルが低いんじゃないか」と自分を戒めるようにもなります。ちょっとマゾっぽいですけど（笑）、これは副業をやるなかで、欠かせないマインドなので覚えておいてください。

以上、副業に取り組むにあたり、押さえておくべき「心構え」について説明しました。この5つのポイントさえ守れば、あなたは3つの壁を乗り越えることができる「**100人のうち5人**」に選ばれたも同然です。

あとは、自分の負えるリスクの範囲で、少しずつ始めていただけば大丈夫です。

「心構え」と言っても、「決断する・行動する・継続する」「嫌だと思ったらやる」「コツコツやる」など、自己啓発書で紹介されているような「地味なスキル」ばかりです。しかし、これは何をやるにも押さえないといけない「**成功するための原理原則**」です。

結局のところ、本当にラクして簡単に稼げる方法は、この世にはないのです。やろうと思えば誰にでもできるこの「心構え」を、どれだけ維持できるか。これが成否を分ける鍵になると思います。

◉——「チャンスの女神」は怖い？

「**チャンスの女神は前髪しかない**」という言葉があります。

目の前に「女神（＝チャンス）」がいたらすぐに前髪をつかまないと、見逃しても後ろ髪がないからつかめない。一方、成功する人はその前髪をタイミングよくつかむことができるという話です。

これにはもう一つ、別の意味があると思います。

想像してみてください。前髪しかない女神って、見るからに気持ち悪くないですか？一見すると、女神とは気付かないはずです。つまり、**チャンスは怖く見える**のです。だから、つい見逃してしまう。

しかし一般的には怖く見えるものが、じつはチャンスなのです。

最初は女神に見えないから、「変な女がいる」と思ってスルーしがちで、振り返って「あの人は、女神だった」と気付いても、後ろ髪がないからつかまえることができません。

このように**「チャンスの女神」を見逃してしまう人は9割を超えます**。逆に「女神だ」と気付ける人は、たとえ体格差があっても、ヘッドロックしてでもつかまえています。

この感度がある人は、人生を毎年変えていくことができます。そういう感度を磨くためには、普段から嫌なほうを選ぶ習慣や感覚が必要です。

どんなことでも、「これは自分に与えられたチャンスなのかもしれない」と感じたら、迷わずその機会をつかみ取りましょう。

大多数の人はそれをチャンスだと気付けないし、怖いから行動せずに易きに流れてしまう。易きに流れても今はなんとかなっているように思えるから、チャンスを全部スルーしてしまう。なんとかなっているように思えるのは今だけであって、将来を案じれば、非常に〝ヤバい〟状況が待っているのは序章で述べた通りです。

⦿──それでも自分を変えられない人の最終手段

さて、ここまでやることを明確にして、具体的なメリットを提示しても、継続できない人はいます。本書を読んでも、三日坊主どころか何もしないというケースです。

そういう方は、こう考えてみてはいかがでしょうか。

家族や恋人が人質に取られたら、どうするか？

自分の配偶者や子供、独身の方なら恋人や親でもいいです。あなたの大切な存在が、テロリストに誘拐されたと仮定してみてください。

不謹慎だと批判されるかもしれませんが、「3カ月以内に副業で月収10万円を達成できなかったら、あなたの大切な人の命を奪います」と言われたら、100人中99人、あるいは100人中100人が、月収10万円を達成するはずです。

自分の家族や恋人の命がかかっているとしたら、やらないわけにはいかないですよね。ダブルワークでも、物販でもウーバーイーツでもクラウドソーシングでも、死にもの狂いで月10万円稼いで、助け出すでしょう。

結局のところ、やるからやらないかは、本人に「危機感」があるかどうかなのです。

「やらなきゃいけない」という「心構え」さえ整えることができれば、副業で稼ぐことは、決して難しくはないのです。

厳しい言い方かもしれませんが、副業をやろうとしてもうまくいかない人は、「自分がそれほど本気になっていないだけ」だと思います。子供を人質に取られたら、頑張れるわけですから。

そこまで極端な例でなくても、たとえば初めて社会人になったときのことを思い出してください。新入社員のころは誰しも、「ちゃんとやろう」と気合いを入れて頑張ったと思います。上司に言われた通り仕事をこなし、時間や約束はしっかり守っていたはずです。「本業」だとみんな頑張るわけです。そのときの感覚で副業にも取り組めたら、それほど悪い結果にはなりません。

新しい靴を履けば、最初は靴ずれします。本業の職場だったら、多少の「靴ずれ」はみんな覚悟します。ということは、新入社員のころや転職したときの強い覚悟を副業でも持つことができれば、失敗や不安はなくなるはずです。

それに、本業の職場での先輩や上司との人間関係や上司からのイビリとかのほうが、副業よりもずっとつらいと思います。

副業が本業よりも大変ということは、まずありえません。

でも、副業となると、つい手を抜いてしまう人が多い。「将来ヤバいな」「このままじゃ家族を守れないな」という危機感がないと、嫌なほうを選べないのです。

行動のベースになるのは多くの人の場合、危機感だということを忘れないでください。

1 章のまとめ

副業に限らず、何事も「継続する力」が大事。継続するためには、手段にこだわるより「心構え」をまず整える。心のあり方が変われば、人生そのものが好転していく。

「心構え」が継続のカギ

現状を打破する 第一歩

大事な人を失う危機を想像して、彼(彼女)を助けるために副業に取り組むことを決意する。さらに「5つの心構え」を身に付ける。

②章

「最初の一歩」はサイト登録から始めよ

〜タイプで選ぶ「副業モデル大全」

Key word

- タイプ別副業マトリックス
- 実働型副業
- クラウドソーシング

つべこべ言わず、とにかく動け！

まずは、「リスクがなく、勇気もいらない」仕事から

序章を読み「このままではマズい」と危機感を抱き、1章で「心構え」を整え、副業に取り組む勇気を持てたという方は、次のステップに進みましょう。

今度は、「**とにかく動いてみる**」ということです。ここで動き出せる人と動き出せない人で、その先の未来が大きく変わってきます。

すぐに動くためには、選択肢が必要です。そこで本章では、「手段」として具体的な副業の種類をご紹介します。

副業は、次ページの「タイプ別副業マトリックス」のように、難易度に応じてある程度体系化することが可能です。

本章では、副業初心者のビジネスパーソンがすぐに始められるものに絞って、マトリックスのCゾーンを中心に解説していきます。

まず、初心者に向けた副業とはどういう特徴があるのでしょうか。

タイプ別副業マトリックス

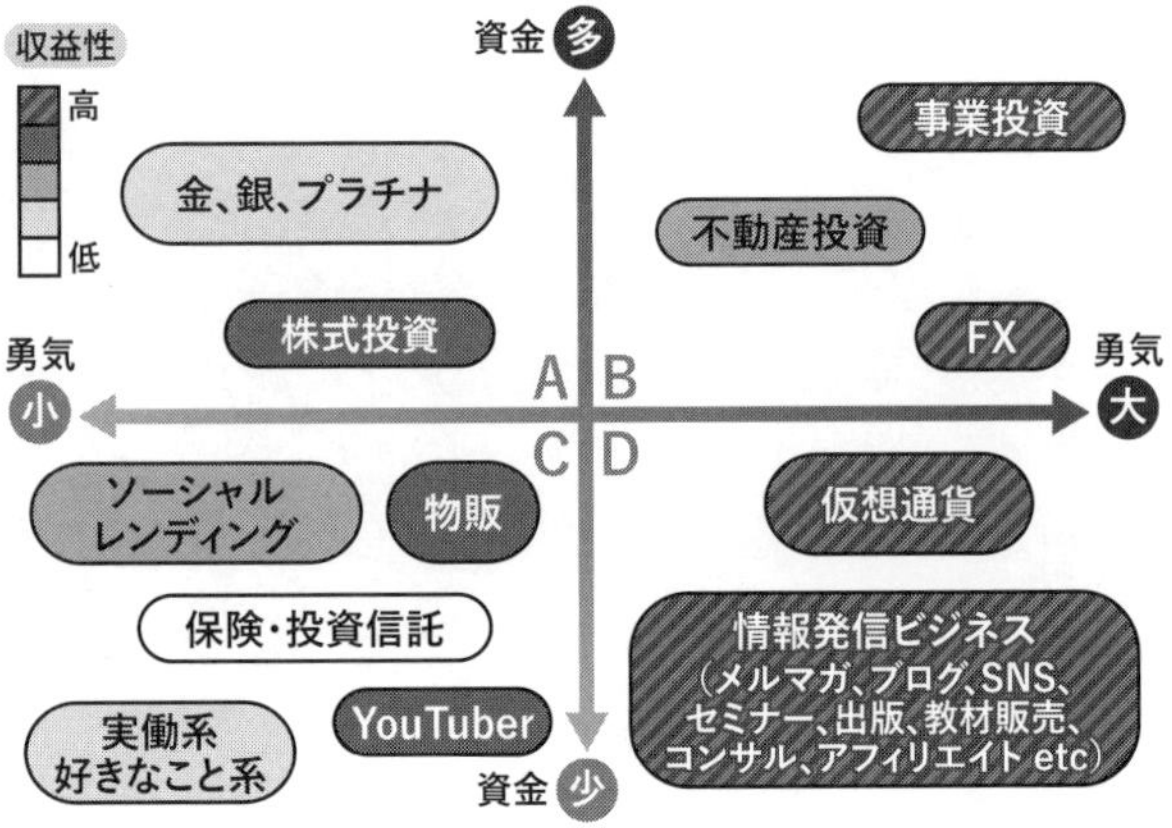

右側（ＢＤ）のゾーンが「勇気がある人」向け、左側（ＡＣ）が「勇気がない人」に向けた副業です。「勇気」と言うと少し語弊があるかもしれませんが、言い換えれば**「リスクを取れるかどうか」**ということです。ＡＢはお金がある人向け、ＣＤはお金がない人向けです。

「収益性」はＡＢＤのほうが基本的に高いのですが、いきなりこちら側に踏み出すのは、至難の業《わざ》。ある程度の経験とテクニックが必要だからです。

そうなると初心者が最初に始めるべき副業は、「リスクがなく、お金もいらない」Ｃゾーンの仕事から選ぶべきなのです。

⊙――初心者にオススメの「3つの副業」

Cゾーンでオススメする副業は主に3つ。1つ目は、**実働系の副業**です。低いリスクでまず何か始めたいという人には、実働系の副業がオススメです。

たとえば、レストランの料理を配達する「**ウーバーイーツ**」。好きなときに好きな時間だけ働けるので、初心者にはオススメです。収益性はそれほど高くありませんが、やれば必ず儲かりますし、収益がマイナスになるようなリスクもありません。ウーバーイーツ副業については3章で詳しく解説します。

また、趣味や好きなことを活かした副業も実働系に含まれます。こちらは4章で説明します。

投資信託はどうでしょう。リスクが低いから安心と思って手を出す人が多いですが、投資信託は元金が減らない代わりに、ほとんど儲かりません。利回りが非常に低いからです。投資の第一歩として始める人が多いのですが、あまりにも利回りが低いので、手間のわりにはお得感が薄いように思います。

投資信託をするだけのお金があるのであれば、２つ目の「**ソーシャルレンディング**」をオススメします。融資型クラウドファンディングと呼ばれるもので、年利５～８％と金利もいいです。具体的な解説は5章で行います。

Cゾーンのオススメの３つ目は、「**アマゾンを使った物品販売**」です。

これも、コツコツやれば５万～10万円ぐらい儲けることは決して難しくありません。1章でお伝えした「心構え」をしっかり守って続けていけば、物販は再現性が非常に高く、大きな副収入になります。

詳しい方法は、６章で述べます。

⊙——中級者・上級者向けの副業には何があるか

これは少し先の話になりますが、副業の中級者・上級者ぐらいになったら**「人に伝えるビジネス」**に進んでいくと、収益が格段に伸びていきます。

具体的には、Dゾーンの有料メルマガや有料ブログ、セミナーや教材販売などを使った情報発信です。うまくやればかなりの需要が見込めますが、自分の名前を出して売り込んでいくことになるので、周囲から反対されたり、ネガティブな評価を受けたりというリスクもあります。

Dゾーンの**「仮想通貨」**はリターンも大きいのですが、ご存じの通り、投機的な側面があり、現在のところ市場の信頼性もそれほど高くないため、リスクを負いたくない人には不向きです。

Aゾーンの**「株式投資」**も、副業初心者の方は少し慎重に動きたいところ。今は数万円で購入できる株もあるので、50万～100万円ぐらい資金があれば誰でも始められます。ただし元本が減るリスクは十分あるので、しっかりした知識が必要になります。

Bゾーンの「**不動産投資**」も銀行などからお金を借りる必要があるので、借金が増えるというリスクはあります。ただし、しっかり勉強して始めれば、これも副業としてはかなり大きい収入が見込める手段になってきます。

⦿――まずは、「クラウドソーシング」のサイト登録から

私が発行しているメルマガの読者を対象に、副業に関するアンケートを取ってみたところ、「自分の勤める会社で副業を解禁している」という回答は22％でした。

一昔前はほとんどの会社で副業が禁止だったと思うのですが、今では4～5社に1社は、副業を認めているわけです。時代は確実に変わりつつあります。

手軽に始められる副業だけでも、最近はさまざまなウェブサービスの登場に伴い、副業そのものの幅も広がっています。

さらに、副業の普及に一役買っているのが、仕事を依頼する人と、自分に合った副業

クラウドソーシング大手5社の登録者数

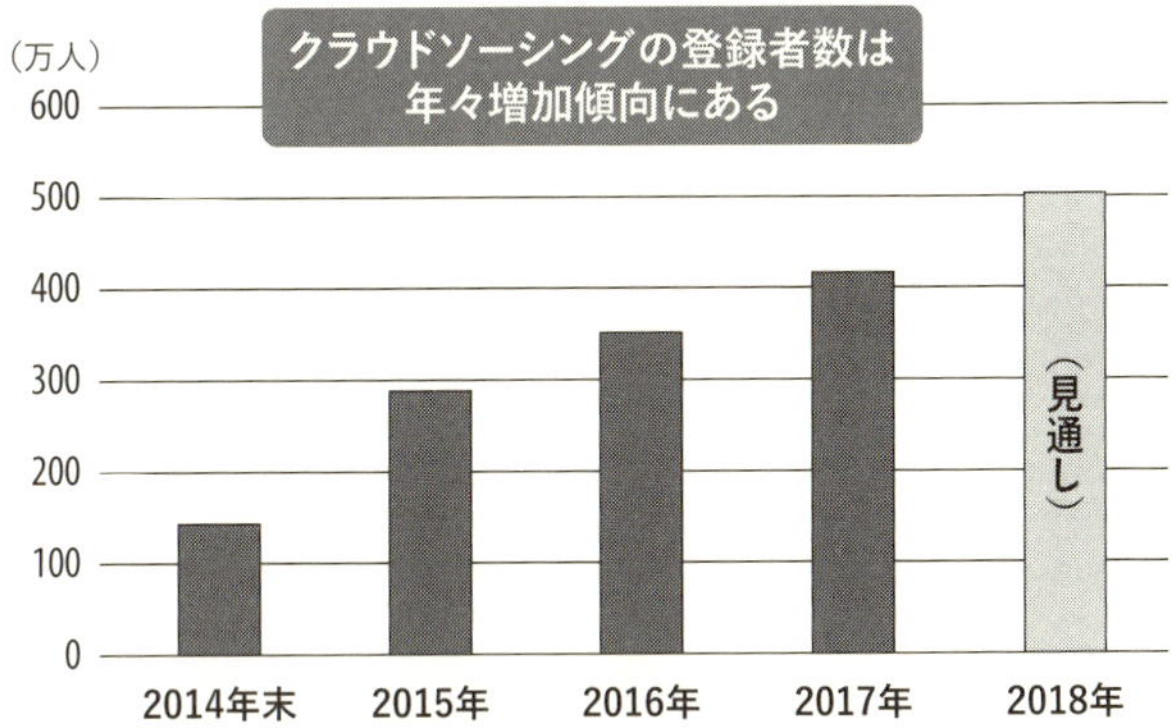

（注）5社はクラウドワークス、ランサーズ、リアルワールド、うるる、パソナテック。
クラウドワークスの協力を得て、日本経済新聞社が推計

出典：『日本経済新聞』2018年7月13日付

を探している人とをマッチングさせるサービスです。

たとえば、実働系の副業としては、**「クラウドワークス」**や**「ランサーズ」**、**「JOB HUB（ジョブハブ）」**などのウェブサイトで、さまざまな仕事を募集しています。これらは不特定多数の人材が集まって業務を進める**「クラウドソーシング」**と呼ばれるもので、案件ごとに報酬が決められています。データ入力や記事作成、翻訳、新製品のネーミング募集、イラスト作成など、応募ジャンルは多岐にわたります。

実働型の副業に興味をお持ち

の方は、まずはクラウドソーシングのサイト登録から始めてみましょう。

クラウドソーシングのサイトも増え、プログラマーやエンジニア、デザイナー向けの副業マッチングサイトも複数あります。

「シューマツワーカー」は２０１７年に始まったばかりのサイトですが、コンシェルジュによるサポートがあるので安心です。ウェブ開発などのＩＴ系のスキルがある人は、登録してみるといいでしょう。

「CODEAL（コデアル）」では、時給２５００円以上の高価格案件のみを扱っているので、極度の低単価を回避できます。こちらも、デザイナーやエンジニアといった案件が中心になります。「シューマツワーカー」も「コデアル」も、事前に企業側との面接があるので、お互い安心です。

株式会社ホールハートが運営する副業マッチングサイト**「プロの副業」**は、エンジニアやウェブデザイナーのほか、商品ＰＲやマーケティングのできる人も求めています。「プロの副業」ではクライアント先への出社が必要な案件も扱っているので、より深く依頼主と関わることになります。

出典：「副業サービス カオスマップ 2018年版」株式会社シューマツワーカー

「シューマツワーカー」では副業を後押しするサービスを一覧にした「副業サービスカオスマップ」（前ページの図）を作成しているのですが、これを見ると、副業に関するサービスがこんなにたくさんあるのかと驚かされるでしょう。

すべては紹介しきれないので、このなかから主なものやユニークなものを中心に巻末に特別付録としてまとめました。ぜひ副業探しの参考にしてください。

◉──感謝される経験が報酬以上のモチベーションに

こうしたプラットフォームが間に入ることで、お金の面での不払いやトラブルが起きる可能性は、極めて低くなります。

依頼主が払ったお金はいったんマッチングサイトの運営会社が預かって、業務が完了した時点で登録者に支払われる仕組みになっているからです。

とはいえ、こうしたサービスはあくまで個人と個人をつないでいくものなので、なかには依頼主との相性が合わないことも、あるかもしれません。100人中100人がいいお客さんとは限らないでしょう。

「一生懸命、仕事を頑張ったのに、それでも納得してもらえなかった」ということが起きる可能性は、ないとは言えません。

でも、「面倒くさい依頼主だった」「せっかく納品したのに、満足してもらえなかった」といった多少の〝摩擦〟はなんとか乗り越えてほしいです。

逆に、「面倒くさい人もいるかもしれない」という〝心の準備〟をして仕事に臨めば、ほとんどの場合うまくいきます。

副業アカデミーの受講生に話を聞くと、**クラウドソーシングで仕事を依頼するクライアントの9割以上は「いい人」**で、毎回、めちゃくちゃ感謝されるそうです。それを励みにすれば、副業を楽しみながら一歩一歩着実に成長していくことができます。

⦿——「最初の一歩」が最も高い山

実働系はやれば確実に収入になりますが、正直なところ、それほど大きな収入は望めません。時給換算したら、1000円にも満たないことも時にはあるでしょう。

それでも、お小遣いが月3万円ぐらいの人からしたらちょっとした副収入になりますし、何よりも給料以外の副収入を得るという練習にはちょうどいい。

金額が多いとか少ないという以前に、まずは「**自分の努力と工夫によってお金は増やせる**」という経験をしてください。その経験を肌で実感することこそ、副業の第一歩です。だから金額は少しであっても、体慣らしのつもりで始めてほしいのです。

その状態に慣れてきたら、もう一段、階段を上れるようになるはずです。月5万円稼げるようになったら、今度は、「どうやったら月収20万円の副業ができるだろう」と思えるようになっていきます。

ちなみに、なかには2つの会社に所属してダブルワークをしている人もいますが、**個人的な副業よりも、ダブルワークのほうがハードルは高い**と思います。

「自分で副業をするより、もう1社、週末に別の会社で働けたら安心」と思うかもしれませんが、それができる人はそもそも超優秀なので、個人で物販やスキルシェアを始めたら、すぐに成功します。

副業アカデミーの顧問を務めてもらっている方も、普段は大手通信会社で働く20代後半のサラリーマンですが、副業にもかなり力を入れています。

大事なことは、とにかく一歩踏み出すこと。ファーストステップは、アルバイトでも不用品販売でも、結婚式の友達代行でも、ウーバーイーツでも、なんでもいい。「動いた」という行動が重要なのです。

副業においては「最初の一歩」が最も高い山かもしれません。アポロ11号の月面着陸のように、この小さな一歩こそ、人生を変える大きな一歩になりえるのですから。

2 章のまとめ

副業初心者がまずチャレンジするなら、収益性は低いけれどリスクも低い「実働型の副業」。そこで、仕事の発注・受注の仲介となる「クラウドソーシング」のサイトを活用すれば、リスクを最小限に抑えて副業をスタートすることができる。

「クラウドソーシング」が実働型副業の必須ツールに

現状を打破する 第一歩

自分の興味のある「クラウドソーシング」のサイトに登録する。多少報酬が安くても、まずは何か1つ始めてみる。

3章

自分のペースで自由に稼ぐ最先端の働き方

～超簡単！「ウーバーイーツ副業」

Key word

- Uber Eats
- ドライバー不足
- 仲間との交流

今後も成長が期待される
話題の副業。
やるなら今だ！
やるなら続けろ！

「ほぼリスクゼロ」の初心者に最適な副業

2章で紹介したクラウドソーシングを活用した副業は、自分のスキルを活かしたいという人には、大きな収入を見込める手段になりえます。

しかし、読者のなかには、「自分にはたいした特技がない」「そもそも、人とのコミュニケーションが発生する仕事は向いていない」という人もいるでしょう。もっと手っ取り早く、副業を始めたいというせっかちな方もいるかもしれません。

街中を走るウーバーイーツのドライバー（写真提供：AFP＝時事）

そんな副業初心者の方にまずオススメしたいのは、**「ウーバーイーツ副業」**です。

東京や大阪といった都市部にお住まいの方は、街中で「UBER　EATS」と書かれた四角いリュックのようなものを背負って自転車に乗っている人を見たことがありますよね。じつは彼らはウーバーイーツに所属しているわけではなく、個人事業主として契約を結んでいるのです。

ウーバーイーツを副業としてオススメするいちばんの理由は、**リスクが極めて小さく、好きなタイミングに好きな時間だけ働ける**からです。しかも、特別な技術はいらないので、副業の「第一歩」としては格好の条件が揃っています。

後述するネット上での物品販売や「ソーシャルレンディング」、株や不動産といった投資は、どれも最初にまとまった資金が必要ですし、多かれ少なかれリスクはあります(もちろん、取れる範囲のリスクで挑戦すれば、致命傷を負うようなことは避けられます)。

一方、ウーバーイーツは、リスクゼロに近い。初期投資も必要なく、何かを失うというリスクは極めて小さいのです。

⦿――テレビの制作会社から一転、ウーバーイーツのプロに!?

ウーバーイーツというのは、レストランなどの飲食店で作られた料理を、利用者のいる場所(自宅や会社など)まで届けるフードデリバリーサービスです。これまでは出前を取ろうと思ったら、ピザ屋や寿司屋など限られたお店でしか宅配はしてもらえませんでした。また、お店側も配達スタッフを用意するなどの手間がありました。

ウーバーイーツは宅配に特化したサービスなので、お店側とお客さん側の「橋渡し」をしているわけです。

副業アカデミーでは、ウーバーイーツで稼げる方法を教えている専門講師もいます。尾崎浩二さんという男性で、もともとはテレビの制作会社でお笑い番組を作っていました。

尾崎さんは、会社が倒産したのを機に働き方を見つめ直し、ファイナンシャルプランナーの資格を取ったり、宅建（宅地建物取引士）の勉強をしていました。ところが、2016年にネット広告でウーバーイーツの配達員募集の広告を見たことが転機となり、今ではウーバーイーツを本業にして活躍されています。ウーバーイーツでの稼ぎ方については、私も尾崎さんからかなり多くのことを教えていただきました。

ウーバーイーツ副業は、個人が好きなペースで働けるというのが、いちばんの魅力かもしれません。

以前、尾崎さんと一緒にウーバーイーツ日本法人の方とお会いする機会があったのですが、運営側の方たちも「自由に好きなペースで働ける」という点が強みだとおっしゃっていました。

⦿――超簡単！ ウーバーイーツ副業の始め方

ウーバーイーツ副業を始めるのは本当に簡単です。

仮登録としてウェブ上で名前や電話番号を登録して、ドライバー向けのアプリをダウンロード。本登録のために一度だけパートナーセンターに行って30分ほどのビデオ研修を受ければＯＫです（東京だと、恵比寿・新宿・秋葉原にパートナーセンターがあり、そこで受けられます）。

配達用のバッグをパートナーセンターで受け取る際に、８０００円のデポジットを支払います。デポジットなので、バッグを返却する際に返金してもらえます。

登録する際に、1つだけポイントがあります。

今、ウーバーイーツではドライバーの数を増やそうとしており、「招待ボーナス」をやっています。**ドライバーの人に紹介してもらい仕事を始めて一定の回数をクリアすると、紹介した側に数万円入ります**（2018年12月現在）。

つまり、紹介した側の人とあらかじめ相談しておいて、そのうちのいくらかを還元してもらうという〝裏ワザ〟も可能になります。

街中のドライバーに直接声をかけて、相談を持ちかけてみるのもアリです。紹介者からすれば、何もしないでお金が手に入るチャンスなわけですから、断る理由はないでしょう。

今後も、ドライバー不足は続く

それにしても、なぜウーバーイーツのドライバーが不足しているのでしょうか。

ウーバーイーツは急成長産業

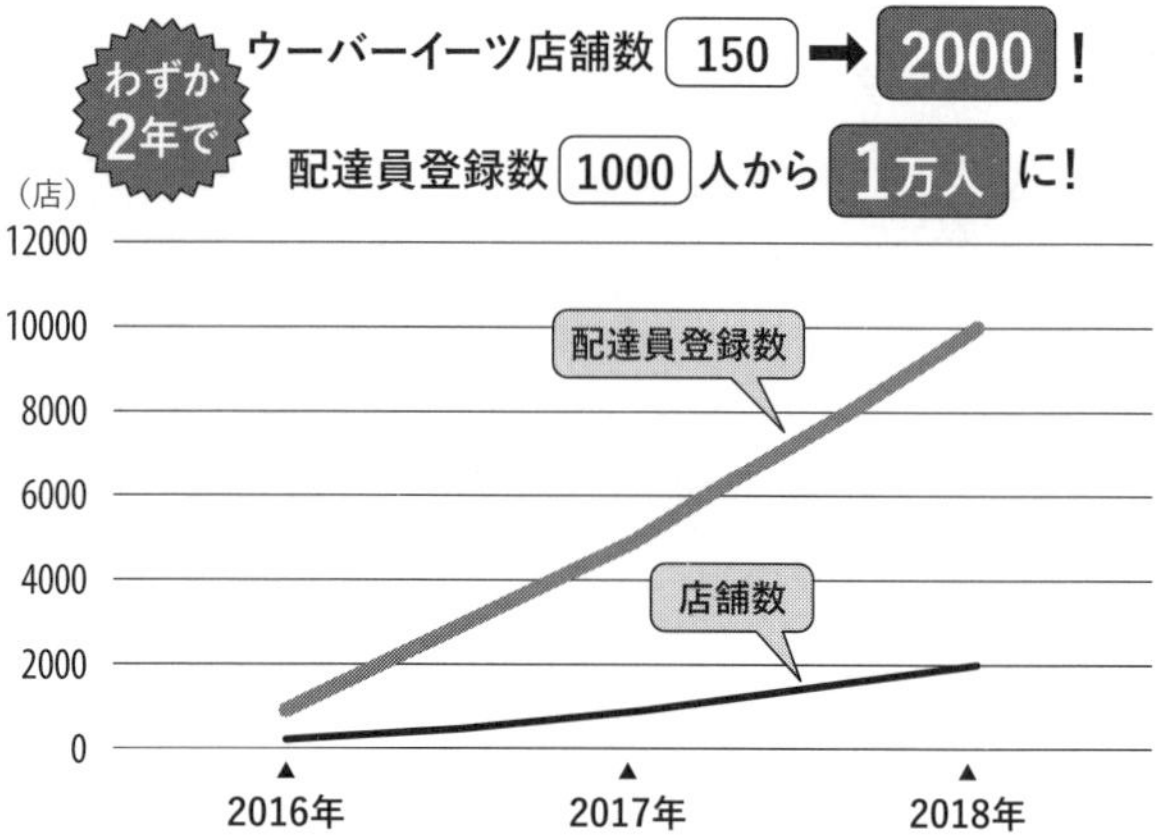

Uber Japanの見解をもとに尾崎氏が作成

ウーバーイーツは今では35カ国、20都市以上でサービス展開をしている急成長産業ですが、2016年に日本でサービスを開始した当初は、稼働エリアが東京の港区と渋谷区だけで、加入店舗はわずか150でした。今は2000店舗を超えているので、まさに急成長です。

今では、東京、横浜、川崎、大阪、京都、神戸のほか、埼玉、千葉、名古屋、福岡でもサービスを開始しました。

ドライバーの登録者については、東京で1000人からスタートして、現在は1万人を超えました。これだけ人数がいると配達員が増えすぎて稼げなくなってしまうのではという懸念もありますが、それ以上に**加入店舗が増えています**。

転換点は2017年で、この年にマクドナルド、ケンタッキーフライドチキン、フレッシュネスバーガー、スシロー、牛丼の松屋、さらにはガストも加入してきました。

つまり、大手チェーン店が一気に加入してきたので、1万人のドライバー登録があってもまだまだ人手不足であり、**副業としてのビジネスチャンスも大きい**のです。

自転車やバイクも有料で借りられる

ウーバーイーツの仕組みは非常に簡単です。

ウーバーのアプリを起動してしばらくすると、配達依頼が入ります。そこで依頼を受け付けると、アプリのマップ上にお店までのルートが案内されるのでお店に取りに行き、お客さんに運ぶという流れです。

距離に応じて報酬が決まるので、ハンバーガー1個でもカレーライス10人前でも、支払われる報酬は距離が同じなら変わりません。ただ、回数をこなすとインセンティブが与えられる場合もあるので、とにかく依頼が来たらどんどんやる（105ページ参照）。
配達に使う自転車やバイクは自前で用意する必要があります。

バイクの場合は、道路運送車両法による制限があるため、排気量125cc以下のもので原付バイクならOKです。自動車は法律違反になってしまうのでダメです（都市によって異なる場合がある）。

自転車がいいかバイクがいいかは、その人の体力や運送する道にもよるので一概には言えませんが、**東京や大阪などの都心部であれば、自転車のほうが動きやすい**と思います。

自転車やバイクを持っていない方は、ウーバーイーツを通してレンタルすることも可能です。東京であれば、ドコモのレンタルサイクル（通称「赤チャリ」）を月々4000円で使うことができます。バイクをレンタルしている人はあまりいませんが、月々最低1万6000円でレンタル可能です。

ウーバーイーツには、商品の売上の数十%が入ります。運営側の考え方としては、加入店舗は配達員を雇う必要がないから人件費もかからないし、配達のための自転車やバイクも用意しなくていい。純粋に売上が上がるだけなので、数十％の「献上金」は決して高くないということなのでしょう。

休憩も兼ねて1時間だけ働くことも可能

アプリではグーグルマップが連動しているので、それを見て配達するだけ。自転車さえ漕げれば、本当に誰にでもできます。

休憩したいときにはアプリをオフにしておけば依頼は入ってきません。

だから、たとえばフリーランスのライターやデザイナーの人が、気分転換したいときだけアプリをオンにして、運動がてら小遣い稼ぎをして、また仕事場に戻る、といった使い方もできます。

アルバイトのようなシフト制ではないので、「今日、ヒマだから働こう」「今、時間が空いたから1時間だけ働こう」ということも可能です。

シフト制だと1カ月ぐらい先の予定まで埋められてしまうし、当日に急な用事が入ってもキャンセルできません。これは、固定的で不自由な働き方です。

一方、**ウーバーイーツはフレキシブルに働き方を決められるので、まさに副業向きと言えます。**

モデルや芸能界を志望している人も、シフトが固定されてしまうアルバイトだと、オーディションや稽古に参加しにくくなるので、そういう人にも向いていますね。

要領のいい大学生から、白髪頭の高齢ドライバーまで

自転車で荷物を届ける仕事は「体力勝負」。中高年にはキツイと思われがちですが、そんなことはありません。

たしかに年代的には20～30代が中心ではありますが、じつは、50～60代でも元気な人はウーバーイーツをやっています。この前、白髪頭の高齢ドライバーが、機敏な動きで弁当を運ぶ姿を見かけました。

大学生も意外に多いです。講義と講義の間や、友達と遊ぶ予定がキャンセルになった

ときに、ちょっとだけ働いています。私たちが学生のころは、アルバイトに熱が入りすぎて、学問が疎かになるケースは珍しくありませんでしたが、今の学生はそうでもないようです。アルバイトは効率的に済まして、勉強や趣味、サークル等の時間に充てる。じつに健康的で要領がいいやり方だと思います。

言うまでもなく、「自転車好き」にはたまらない仕事でしょう。趣味で普段からロードバイクに乗っているような人は、まさに天職だと思います。周囲の視線を浴びながら、街中を自転車で駆け抜ける気分は思った以上に爽快です。

学生、女性も安心して働ける画期的な精算システム

なかには尾崎さんのように、ウーバーイーツを専業にする人もいますが、割合としては、7対3ぐらいで圧倒的に副業としてのニーズが高いです。

会社帰りに18〜21時まで限定して働くビジネスパーソンも多いですし、子育てがひと段落した主婦の方が昼間だけ働くケースもあります。

働き方は、人それぞれです。月3万〜5万円稼ぐ人もいれば、30万〜40万円ぐらいしっかり稼ぐという人もいます。

ある程度体力が必要なので女性は全体の1〜2割程度ですが、自分のペースで取り組めるので、パートタイムの仕事よりも働きやすいかもしれません。

安全面でも心配いりません。

精算システムも非常に優れており、すべてクレジット精算で完結しているので、ドライバーとお客さんの間では、一切金銭のやりとりが発生しない。

現金を預かって移動する精神的なプレッシャーは計り知れません。うっかり落としたり、1円でも間違えたらどうしよう、という精神的な負担が大きいのが、一般的なアルバイトです。

ウーバーイーツのサービスがとくに優れている点は、この会計処理をすべてキャッシュレスで行っていることです。

ピザ屋の配達だとウェストポーチなんかに大量の小銭を用意して、ジャラジャラと一枚一枚数えていく手間があるし、領収書の発行を頼まれるケースがありますが、そういう〝配達員としてのムダな動き〟を極力省いているのです。

だから、女性でも学生でも安心して働けるのです。**ウーバーイーツはこれまでの労働の概念を覆《くつがえ》す、働く人の目線でも画期的かつ効率的なサービスを打ち出した**のです。

定期的なインセンティブ発生が、モチベーションに

売上が週ごとに表示される

配達を終えると、すぐに報酬金額がわかるのも、モチベーションが上がるポイントの一つです。

たとえば、1回の配達を終えて「897円」とアプリに表示されます。平均して10~15分ぐらいで1件届けられるので、一日中稼働すれば、10回は配達できます。すると日給約8000円は稼げます。

す。しかもマップ上には、どういったルートで配達したか自分の記録を確認できるので、ゲーム感覚で楽しめます。

週ごとに報酬が支払われるので、「よし、来週は5万円ぐらい稼ぐぞ」とモチベーションを上げやすい仕組みになっているのです。

さらに面白いのは、**インセンティブの多さ**。

「クエスト」とも呼ばれているウーバーのインセンティブシステムでは、たとえば1日の配達回数が4回だったら400円、8回だったら1300円、12回だったら2600円という具合に、頑張れば頑張った分だけボーナスが支給されるのです。

クエストのタイミングは決まっていませんが、雨の日が比較的多いです。雨の日はドライバーの稼働率が低く、人手不足になりがちだからです。

ほかには、**真夏の暑い日や真冬の寒い日、天気の悪い日は狙い目**です。あとは、土日も稼ぎやすいです。つまり、**普通の人が外に出たくないような日に動くと、どんどん依頼が入ってきます**。

⦿ウーバーイーツ副業の成功者が必ず実践する3つのポイント

ウーバーイーツ副業で成功する人に必ず共通するポイントが、3つあります。

まず1つ目は、**基本的な配達ルーティンをマスターすること**。最初は大変でも、2〜3カ月は継続することが大前提です。

「時間や場所にしばられない最先端な働き方を体験してみよう」と始める人も多いですが、1、2回働いただけで稼げないと言って、せっかく借りたバッグを家に置きっ放しにしている人も少なからずいます。

どんな仕事でもそうだと思いますが、たとえば学生時代のアルバイトでも、初日は仕事を覚えるのに必死で、先輩のようにキビキビとは動けないですよね。それが1カ月か2カ月ぐらい経つと、比べものにならないぐらいスピーディーに動けるようになるもの。常に次の行動を予測して、動きにもムダがなくなります。

ウーバーイーツも同じです。最初のうちは動きが悪いのでそこまでは稼げません。研修期間みたいなものですよね。それが3カ月ぐらい続けていると、この時間にあの場所に行けば稼げる、という勘所が磨かれていきます。すると時給2000円ぐらいは余裕で稼げます。

さらに言えば、その「3カ月の壁」を乗り切ることができれば、あとはとんでもなく楽になります。先述の尾崎さんも「こんな楽な仕事はない」と豪語しています。ただ、その壁を越えることができない人があまりにも多いために、なかなかドライバーが供給過剰にはならないのかもしれません。

2つ目は、先ほど述べた、**天気の悪い日に稼働すること**。

そして3つ目が、**稼ぎやすいエリアの情報を手に入れること**です。

東京であれば、六本木や渋谷は有名ですが、そのほかにも稼ぎやすいエリアがいくつもあります。稼いでいるドライバーが書いているブログやツイッターを定期的にチェックしていると、注文が殺到するエリアが絞られていきます。

さらに、情報をもとに動いていると「この辺りへ行くといつも依頼が入るな」と勘所が磨かれていきます。依頼がないエリアにいても全然稼げないので、場所選びはかなり大事です。

たとえば、ウーバーイーツの利用者がすごく多い恵比寿駅付近だと、ピークタイムになると店の近くにドライバーが何人も集まっていたりしますが、駅から離れた住宅街エリアだとなかなか依頼は入りません。

なかなか稼げない人必見！㊙テクニック

最初の1～2カ月ぐらいは「思ったより稼げないな」と感じるかもしれませんが、コツをつかむまでには、しばらく時間がかかると思ったほうがいいでしょう。

そういうときは、**「筋トレの代わりだ」「観光も兼ねている」と気軽な気持ちで一定期間続けてみる**と、徐々にスムーズに動けるようになって、時給換算したときの単価が上がっていきます。

「配達完了」ボタンを押すのも、1～2分ぐらいフライングしても大丈夫なので、配達先のエレベーターホールに着いたぐらいで押してしまうのも一つの手です。そうやってなるべく集中して動くと効率がいいです。

また、これからウーバーイーツを始める人には、お店に行って商品をピックしてバッグに詰める際に、**ネックピローやタオル、ゴムバンド**があると便利です。

ウーバーイーツはレビュー機能があるので、商品がこぼれたりフタからはみ出したりすると、悪い評価が付いてしまいます。だから、どうやって運んだらより安定して運べるかを、一人ひとりが個人レベルで工夫して考える必要があります。こうしたグッズは100円ショップで購入可能です。

誰でもできる仕事ですが、こうした**細かい気遣いや改善の積み重ねが、収入の差となって表れてきます。**

⊙――配達場所を確認してから出発する

実際に働いてみると、当然、不測のトラブルが発生します。そういうときは、臨機応変に対応していくしかありません。

しかし、**初心者だから仕方がないと諦めるのではなく、先達から学べばいいのです。**

たとえば、お客さんのほうも慣れていなくてサービスを使うのが初めてだったりすると、目的地を示すピンの位置が明らかにおかしい場所に立っているケースがあります。

するとピンが立つ場所に到着して、インターフォンを押しても不在だったりします。仕方なく、電話をかけると「そこ違う場所です。住所メモってこっちに来てください」なんてことを言われることも。それだけでも30分ぐらいのロスになります。

こうしたケースは頻繁に起こり、それが続くと嫌になってしまうドライバーは少なくありません。

ベテランのドライバーは、こうしたトラブルを未然に防ぐためにある工夫をしています。彼らは、**グーグルマップ（あるいはグーグルアース）で配達先を確認してから出発**します。

ピンが渋谷区役所に立っていれば、「住所間違えて登録したのかな？」と気が付くので、出発前に電話をかけて確認します。慣れてないと、渋谷区役所まで行ってしまい、無駄足になってしまうでしょう。

もう一つ、ウーバーイーツはアメリカ発のサービスなので、お客さんの名前がファーストネームで表示されます。「小林昌裕」だったら、「昌裕・K」と表示されますが、一軒家の場合だと表札にフルネームを書いているケースは稀《まれ》です。会社に届ける場合も、受付で「昌裕さん、いますか?」と聞いても「苗字を教えてください」と言われてしまいます。この場合も、電話して確認するようにしましょう。

商品をこぼしても、自己負担なし

多少のトラブルはあったとしても、ウーバーイーツは実働型の副業のなかでは格段にリスクが低いです。

たとえば自転車を運転中に万が一事故を起こしてしまった場合も、対人で1億円まで保障されます。ただしバイクを使って配達する場合は保険の対象外になるので、研修の際に自己負担で保険に加入するように推奨されます。

また、商品をこぼしてしまっても、自腹で買い取る必要はなく、ウーバーイーツ側が保障してくれます。

ウーバーイーツ副業はまさに至れり尽くせりの副業と言えます。

あえてマイナス点を挙げるなら、ウーバーイーツというプラットフォームに依存しているので、運営側が日本でのサービスを撤退してしまう、あるいはドライバーが増えすぎて過当競争に陥る可能性があることくらいでしょうか。

そのときはウーバーイーツに固執せず、また別の副業を見つければいいだけです。株や不動産のように大きく稼ぐのは難しいですが、動いた分だけ確実に副収入になるので、まずは毎月の給料以外に収入を得る練習としては、ちょうどいいでしょう。

共同出資でドライバー向けのサービスがスタート

冒頭でご紹介した尾崎さんは、プレイヤーとしてだけでなく、全国のドライバーたちのリーダー的存在になっていて、業界を盛り上げています。「ＬＩＮＥグループ」を活用し、現在４００名以上のドライバーで情報共有する仕組みを作り上げました。

また、都内のレンタルスペースを借りてドライバー用の休憩スペースを設けました。依頼が減る14〜18時に、ドライバーが休憩したり、仲間と雑談しながら交流できるようにしたのです。

渋谷に待機所を設置（写真：尾崎氏提供）

たしかに、どんな店舗でも、アルバイトスタッフが休憩中に休めるようなスペースがありますが、ウーバーイーツにはそういった場所はとくにないので、尾崎さんが発案者となり、交流の場を用意したのです。

複数人のグループでお財布を共有できる「**Gojo**（**ゴジョ**）」というアプリがあります。家入一真さんなどが出資しているBrainCat（ブレインキャット）という会社が開発したサービスの一つで、現在は、CAMPFIRE（キャンプファイヤー）が運営しています。こうしたツールを活用すれば、仲間から数百円とか少額でもお金を集めることは可能です。

将来的には、尾崎さんが提案しなくても、ドライバー向けの休憩スペースが次々に作られるかもしれません。

尾崎さんはこのほかにも、企業のシェアリングサイクリング事業と協力してバッテリー交換サービスを立ち上げたりもしています。

ウーバーイーツは外資系ならではの自由闊達さがあり、ドライバーの責任の範囲であれば、サービスの向上、改善につながる活動は認めてくれます。

最近では、ノーベル平和賞の受賞者、ムハマド・ユヌス氏が創設したグラミン銀行の日本支部（グラミン日本）からも尾崎さんに問い合わせがあり、ウーバーイーツを使って日本国内で仕事のない貧困層の人びとに、就業の場を与えようという動きもあります。

⦿ 副業を通して、潜在能力が開花することも

本章の最後に、尾崎さんに生じた「変化」について、少しお話しします。

尾崎さんは、高校ではサッカー部でキャプテンを任されるなど、もともとリーダーとしての素質があったそうです。それが社会人になり、どこか埋もれてしまっていたそうですが、テレビ番組のＡＤ（アシスタントディレクター）として上司に使われるうちに、本来の自分を押し殺すようになってしまっていたのかもしれません。

それが、ウーバーイーツとの出合いをきっかけに、**能動的で前向きな性格が復活し、「持ち前のリーダーシップを発揮する本来の自分に再会した」**と自覚されています。

副業というのは、もちろん副収入を得るという側面が大きいですが、決してそれだけが果実ではありません。**副業をきっかけに新しい自分の能力を見つけたり、社外の人と交流したり、普段使わない筋肉を使う感覚が得られる**のです。

尾崎さんの場合は副業がきっかけとなって、性格だけでなく人生そのものまで変わっていきました。もともと人付き合いも得意だし、新しいアイデアを出したり、粘り強く継続する力もある人だったので、少し環境を変えたことで潜在能力が開花したわけです。副業の効果が良い方向に現れた最高の実例だと思います。

3 章のまとめ

「ウーバーイーツ副業」は誰でも簡単に始められるが、思いのほか奥が深く、脱落する者も多い。ただし、続ければ性格や人生を変えるほどの魅力がある。

UBER EATS
UBER
EATS
好きなときにできる!
1時間だけでもOK!
ビジネスパーソンに向いている副業

現状を打破する 第一歩

今すぐ、ウーバーイーツにドライバー登録する。同時に、ベテランドライバーのブログをチェックしたり、グループに加入する。

4章

趣味や特技、スキルを売って楽しく稼ぐ

～一度はやりたい！「オモシロ副業」

Key word

- ミステリーショッパー
- Timebank
- シェアエコノミー

「あなたは何者か？」
その答えは、
副業をやればわかる。

実働型の副業はウーバーイーツだけではありません。趣味を副業化したり、スキルをシェアしているケース、少し変わった副業もあります。4章では、そのいくつかをご紹介します。

ケース①ミステリーショッパー　レポートを書くだけで、食事代がタダ!?

副業を趣味の一つと捉えて、楽しみながら副収入を得るタイプの人もいます。

武田博之さん（仮名）は、普段は人材派遣業界で働く40代の男性ですが、小さな副業を数多くこなし、人生を豊かにしながらお金を稼いでいます。

入社して8年目が過ぎたころに地方転勤となり、時間的にも余裕ができたことから、何か始めようと思ったときにネットサーフィンをしていて出合ったのが、「**ミステリーショッパー**」の仕事だったそうです。

ミステリーショッパーとは、言い換えると「覆面調査」。一般の客としてレストランやエステサロンなどを利用し、そのレビューを書いて依頼主の企業に送るというものです。依頼主は自社のサービスが客からどう見られているか詳しく知りたいので、ミステリーショッパーを雇うのです。

調査対象は、居酒屋や焼肉屋、バーなどの飲食店、エステサロンやマッサージなどの美容関係、レンタカー、スーパー銭湯、保険相談など、多岐にわたります。レジャー関係もいろいろあって、ゲームセンターや映画館、ボウリング場、あとはパチンコやスロットなどさまざまな遊戯施設もあります。

レストランで食事をしてレポートを書くと食事代が無料になったり、保険や不動産購入の相談、占いといった無形のサービスの場合は、報酬が支払われることが多いです。

レポートを書くといっても特別に難しいものではなく、**感じたことをそのまま箇条書きで書いていけば十分**。普段、ブログやSNSなどで文章を書くことに慣れている人は、抵抗なく始められると思います。

「ミステリーショッパー」と検索するといくつか運営会社が出てきますが、有名どころだと、**「ミステリーショッピングリサーチ」「ファンくる」「Shopper's Eye（ショッパーズアイ）」**などです。

会員登録しないと詳細が閲覧できないものもありますが、一度ページを見るだけでも、無料で飲食ができたり、報酬をもらえるサービスがこんなにあるのか、と驚くと思います。

レストランやレジャー関係なら、家族も一緒に登録して参加すれば、家族も喜んでくれます。決して大変なものではないので、軽い気持ちでとりあえずやってみるのもいいと思います。

空き時間を趣味に使うのもいいですが、**暇つぶしをしながらお金をもらうのだって、一つの副業**です。

もちろん、やりたいと思って応募しても、必ずしも当選するとは限りません。応募が複数ある場合などは、きちんと選考があって、ふるいにかけられます。ただ、**回数を重ねてくるとミステリーショッパーの〝経験者〟として、クライアントから次々と声がかかるようになります。**

お店側の視点に立ってサービスを受ける

ミステリーショッパーには、「エステ体験」もあります。とくに男性では、まだまだメンズエステに通う人はごく一部だと思いますが、自腹で行くのは抵抗があっても、副業としてなら行きやすいのではないでしょうか。

脱毛や美肌、頭皮診断もあり、実際に体験すると、施術の流れや料金体系、お客さんの雰囲気など、いろいろ発見があります。

「美容整形のカウンセリング」なども、無料カウンセリングを受けるだけで3000円ぐらいもらえたりします。いくつか回ればまとまった金額になりますし、周囲の人に「整形を考えているなら、あのクリニックはあんまり接客良くないよ」といったアドバイスもできます。自分の経験にもなるし報酬ももらえるので、趣味としてやるにはアリだと思います。

とはいえ、ただ遊んだり飲み食いするだけではないので、店員さんの態度であったり、店内の雰囲気、料理の提供速度や味、温度、総合的な満足度などは意識しながら楽しみます。むしろ、**お店側の視点に立ってサービスを受けることができるようになり、ビジネス感覚が磨かれ、視野が広がります。**

武田さんにとって、副業は単なる収入以上のメリットがあるでしょう。

人材派遣業というのはさまざまな業種と関わりがあるので、副業をしながら自分の知らない世界を垣間見る《かいまみ》ことができれば、本業にも当然、その知見が跳ね返ってきます。

たとえば、ミステリーショッパーとして飲食店を経営者の視点で見ていれば、飲食業界の人との商談も顧客視点と経営の視点の両方で行うことができます。

人材派遣業に限らず、どんな職種であっても〝自分の知らない世界を見る〟ということが、ビジネスのヒントにつながるのです。

ケース②エキストラ　休日は家族揃ってテレビ出演

誰しも一度は、テレビや映画に出てみたいという憧れを抱いたことがあると思います。通行人、群衆など目立たない「**エキストラ**」としてでもいいのであれば、それを仕事にできます。

エキストラの仕事も、楽しみながらできる副業の代表格です。

テレビ局と直接やりとりすると無償のボランティアになってしまうことが多いのですが、エキストラ専門の芸能事務所を通せば、報酬も得られます。

エキストラの登録ができる事務所は**「芸プロ☆FLT」「古賀プロダクション」「クロキプロ」「CASTY（キャスティ）」**などが有名です。

登録の流れはどれもほぼ同じですが、まずはネットで住所・氏名などの個人情報のほか、身長・体重・靴のサイズ・特技・自己PRなどを記入して、顔写真とともに送信します。関西弁や博多弁が話せる人は、それも十分特技になります。ドラマ撮影の現場では、方言も重要な要素になるからです。

ネットから登録申請をしたあと事務所の説明会に参加し、本登録となります。本登録を済ませれば、ネット上で案件を見られるようになり、メールや電話で直接案内が来ることもあります。

事務所にもよりますが、子供でもお年寄りでも登録できるので、休日に親子で参加することも可能です。

小さい子供がいる家庭だと、毎週末、遊園地に連れていくわけにもいかず、ショッピングセンターばかりでは飽きてしまいます。そういうときに、エキストラ登録していると、大きい公園やコンサートホール、テレビ局などの現場で撮影するので、子供にとっても新鮮に映ります。

何より、**普段テレビを「見る側」でしかない子供たちが「作る側」の世界を知るのは、教育的にも非常に意味がある**でしょう。

芸能人として登録するとなると登録料は10万円以上することもありますが、**エキストラ専門であれば、高くても3000円程度**です。1回登録してしまえば、あとはいくらでも案件が見られるので、面白そうな番組や好きなドラマに参加すればいい。好きな芸能人を間近で見られるチャンスもあるので、子供も喜びます。

家族全員で休日に参加すれば、ドラマの撮影に立ち会えて、芸能人にも会えて、さらに謝礼までもらえるわけです。

謝礼の金額は3000〜5000円程度でそれほど大きくはありませんが、家族4人で参加したら、1万円以上の金額になります。それで帰りに家族で外食すれば、なかなか充実した休日だと思いませんか。

子供にとっては、一瞬でもテレビに映れる経験はかけがえのないもので、一生の宝物になるでしょう。

ケース③趣味転売 コケや流木がお宝に

趣味を活かした少し変わった転売もオススメです。

じつは、山や川など自然のなかにも、お宝がたっぷり眠っています。

ピクニックがてら山登りをしてコケや流木を採取すれば、造園業者に売ることができます。**「コケ転売」**や**「流木転売」**と呼ばれるもので、どういう形状のコケや流木が高値で売れるかという知識が必要になりますが、園芸好きやピクニック好きな人にとっては、自然と触れ合いながら副収入を得ることができる、趣味を副業化した事例の一つです。

ただし、個人所有の山林や国立公園など、むやみに立ち入ったり、植物採取などしてはいけない場所もあるので、そこがどういう場所か必ず事前に確認してから行ってください。

ハイゴケやスナゴケなどは、自宅で栽培して販売することも可能です。なかでもカサゴケは高級種とされていて、他の品種よりも栽培が難しい分、高値で取引されます。

コケは日当たりが悪い場所でも、定期的に水をあげれば成長していくので、それほど神経質にならなくても枯れることは少ないです。

流木はアク抜きが必要になりますが、手順は簡単です。汚れを落としたら鍋で1時間ほど煮沸して、その後2～3日ほど真水に浸しておき、乾燥させます。大きいものの場合は、市販のアク抜き剤を使うのもいいでしょう。

流木転売を成功させるには、重厚感や存在感のある大きさ、全体的なバランスの美しさなどを見極める力が必要になります。

チケット転売は注意が必要

あと、これは法律に触れない範囲であればできることですが、人気アイドルのコンサートチケットが手に入って余ってしまった場合は**「チケット流通センター」**などのサイトで売却することが可能です。

２０１８年12月に「チケット不正転売禁止法」が成立したため、２０１９年6月からはチケット転売に一定の制限がかけられることになります。

この法律では、「業として行う有償譲渡」が不正転売として禁止されています。ここでは、「業として」という部分が重要です。「業として」というのは、「ビジネスとして」と言い換えてもいいでしょう。

つまり、入手する時点から転売を目的として入手し、転売行為を繰り返していれば、それは当然「業として」とみなされるので注意が必要です。

さらに、有名アイドルのコンサートチケットを入手するには、ファンクラブに入って何口も応募しないと当選しないのが実情です。**予想外に多数のチケットが当選して余っ**

てしまった場合は、多少金額を上乗せして転売をしても、不正転売とはみなされないものと思われます。

ただし、これはあくまで「たまたまチケットが余ってしまった場合」にのみ使える方法です。「副業として」チケットを入手したり転売したりすることはできないので、その点は注意が必要です。

ケース④アンケートモニター 自分の「声」が商品開発に反映されることも!?

ネット上でできる「アンケート調査」も、趣味的にできる副業の一つです。「**アンケートモニター**」というもので、スマホで簡単なアンケートに答えると、謝礼がもらえるというものです。

アンケートモニターを集めている業者は「**マクロミル**」「**リサーチパネル**」「**InfoQ**（**インフォキュー**）」などいくつかありますが、マクロミルが最も案件が多く、オススメです。よく雑誌やネットニュースなどを見ていると、「マクロミル調べ」と書かれていたりしますが、あれは多数のアンケートモニターの声を収集している証拠です。

アンケートモニターは、個々の案件は数十円～500円程度と額は決して大きくありませんが、**商品モニターや座談会モニター**に当選すると、お得感が増します。

シャンプーや調味料などの日用品を無料で試せるだけでなく、座談会は謝礼の金額が数千円～1万円程度までアップします。自分の声が商品開発に反映される可能性があるため、やりがいも大きいです。

以前、17歳の高校生CEO（最高経営責任者）が率いるワンファイナンシャルが発表したスマホアプリ「**ONE（ワン）**」が話題になりました。

レシートを10円で買い取りしたり、普段使っているシャンプーやバッグなど、個人情報を売って対価を得るというサービスです。稼げる金額はわずかですが、今後、スマホを使って個人情報を得るサービスは増えていくでしょう。

「入力するだけで1万円」のカラクリ

「クラウドワークス」や「ランサーズ」などのサイトを見ていると、個人向けにさまざまな仕事案件の募集があります。記事執筆や翻訳、データ入力、梱包作業など多岐にわたりますが、なかには驚くような手段で収入を得ている人もいます。

「10分程度の簡単な入力作業で、アマゾンギフト券1万円分が手に入ります」というものので、どういうことかと思い調べてみると、人材派遣会社の友達紹介キャンペーンで、友達として登録をするということでした。

じつはいくつかの人材派遣会社は、登録者数を増やすために、在籍スタッフが友達を紹介して登録してくれた場合は、紹介した人とされた人それぞれに、ギフト券をプレゼントしています。その制度を逆手《さかて》に取っています。ちょっとグレーなやり方ですが、考えた人は賢いと思います。

クラウドサービスのウェブサイトには、このほかにもさまざまな案件が募集されているので、見ているだけでも面白いです。

ケース⑤スキルシェア

スキルや特技がなくても、ノウハウを売ればいい

何か得意なことがある人は、「**スキルシェア**」で副収入を得るのも良いでしょう。使うのは「**タイムチケット**」というウェブサービス。ここでは何か特技のある人たちが、自分の時間に値段をつけて売っています。

パソコンソフトの使い方や英語の勉強、家庭教師、料理の作り方、写真撮影のテクニック、フリーランスとして独立する方法など、分野はさまざまなので門戸は広いです。

自分を客観的に見つめ直してみると、絵がうまい、ファッションが好きなど、何かしら特技は見つかるものです。

いきなりプレイヤーとして始めるのはハードルが高いので、**まずは興味のある人の時間を1時間買ってみて、どういうサービスか体験してみる**のが早いと思います。

かつては、せっかく他人にはないスキルを持っていても、自分で教室を開いたり講師として学校に所属したりしないと、スキルを活かすことができませんでした。ところが、今はスマホ一つで個人と個人がすぐにマッチングできる時代になったのです。スキ

ルシェアというサービスを利用するだけでも、時代の空気感に触れられるでしょう。

また、スキルや特技がない方は、ノウハウを売るのも一つの手です。

「0円研究家」のまー坊さんは、「【食費0円】友人と飲みに行くだけで、継続的に収入を増やす方法」を1万円で販売しています。具体的なノウハウはチケットを購入した人でないとわかりませんが、レビューを見る限り、かなり真っ当な方法を教えているようです。実際、チケットはすでに120枚以上売れています。

このように、**タイムチケットを活用すれば、ちょっとしたノウハウを広めるだけでも、100万円以上の副収入を得るチャンスがある**わけです。

⦿——趣味のカメラが稼ぐ手段になった中川さんの事例

副業アカデミーの講師には中川真也さんという**フォトグラファー**がいます。中川さんは、本業をやりながら趣味のカメラの腕を磨き、会社を退職後はフォトグラファーとしての仕事を数多く受け持つようになりました。

出版社や広告代理店からの大きな仕事から、家族写真や結婚式の撮影などといった個人的な依頼にも応じています。

写真を撮ってもらいたいという需要は思いのほか多いです。プロにお願いしたらかなりの額を請求されるだけに、中川さんのように副業としてやっている方に仕事が殺到するようです。

主に「OurPhoto（アワフォト）」というフォトグラファーサイトに登録して、仕事を請け負っています。週末に1日稼働するだけで、数万円。数十万円を軽く稼ぐ月もあるそうです。

副業としてフォトグラファーを志す人は多く、仲間も多いので情報交換もしやすい。生まれ持ったセンスがなくても始められ、スキルシェア入門としては最適と言えます。慣れるまでは大変ですが、回数を重ねるごとに、次第にスキルが高まり、自信もついてきます。

著名人の取材や感動的な結婚式に立ち会うなど得難い経験ができるのもフォトグラファーならではの特権と言えます。

著名人になれば、「時間」を売れる

専門家として実績のある人であれば、「Timebank（タイムバンク）」というサービスも使うことができます。著名人の時間を購入することができるサイトで、田端信太郎さん（ZOZOコミュニケーションデザイン室室長）、市井紗耶香《いちいさやか》さん（元モーニング娘。）、はあちゅうさん（ブロガー・作家）、為末大《ためすえだい》さん（男子400メートルハードル日本記録保持者：2019年1月末日現在）といった著名人の時間が売買されています。

たとえば堀江貴文（ホリエモン）さんだったら1秒約300円。しかもホリエモンさんの場合は、20分間から購入可能で、約36万円を支払えばビデオチャットでコンサルティングを受けることができます。

落合陽一さん（メディアアーティスト）なら1秒約670円で、最低30分間から。落合陽一さんと30分間ビデオチャットをするには、なんと約120万円以上支払わなくてはならないわけです。

時間を購入すると得られるもの（リワード）としては、ビデオチャットでの相談やコンサルティングが一般的ですが、人気マンガ『ドラゴン桜2』の編集チームは1秒約37円で時間を販売していて、60分（約13万3200円）購入すると、作者に似顔絵を描いてもらって作品に登場することもできます。

面白いことにタイムバンクで取引される時間は、株式のように個人間で売り買いが可能で、市場によって価格が決定されます。うまく売り買いすれば、それだけで収入を得ることも可能です。

時間を売る側になるには審査が必要で、その人の経歴や実績のほか、ツイッターやインスタグラムといったSNSのフォロワー数によって「影響力偏差値」が算出され、判断されます。30歳以下は偏差値54以上、31歳以上は偏差値57以上でないと、時間発行者として登録することはできません。

かなりハードルが高い副業ですが、**SNSを効果的に活用すれば、誰でもたちまち有名人になるチャンスはあります**。ぜひ、チャレンジしてみてください。

ケース⑥シェアエコノミー　愛車がキレイになって返却されることも

「**シェアエコノミー**」は急速に伸びていて、自分の家や持ち物を他人に貸すことで、副収入を得る人は増えています。

家や部屋を貸す「**Airbnb**（**エアー・ビーアンドビー**）」は有名ですが、家だけでなく、自家用車や駐車場を貸すこともできます。自家用車を貸すと駐車場が空くので、それを別の人に貸すことも可能です。

自家用車を貸し出すには「**Anyca**（**エニカ**）」「**CaFoRe**（**カフォレ**）」「**GREENPOT**（**グリーンポット**）」などのカーシェアリング仲介サービスに登録し、貸出価格や条件を決めて出品すると、借りたい人からリクエストが来ます。あとは自動車の受け渡しをして、貸し出すだけです。

借りる側も当然、個人情報の登録や免許証を提出しているので、トラブルが起きることは滅多にありません。「自分の愛車が汚されたらどうしよう……」と心配する人も多いのですが、実際は、むしろキレイになって返ってくることのほうが多いです。

ベンツやBMWといった高級車であれば、一般車よりも高額で貸し出すことができます。借りる側にとっても、レンタカー業者で借りるより安価かつ柔軟にクルマを借りることができるので、今後も個人間カーシェアは伸びそうです。

エニカでは自家用車を貸し出したい人向けの説明会を定期的に行っているので、まずは話を聞きに行ってみるだけでも、勉強になります。

◉──預けて貸すと報酬をもらえる「ファッションシェア」

女性向けですが、ブランドバッグやアクセサリーもシェアできる「**ファッションシェア**」のサービスがあります。

「**LaxusX（ラクサスエックス）**」というウェブサービスは、普段使っていないブランドバッグをラクサスエックスに預けておくと、レンタル実績に応じて報酬が得られます。

預けたバッグはクリーニングして返してもらえるので、それだけでも一石二鳥です。

1個当たりの報酬金額は最大で毎月2000円なので、年間最大2万4000円になります。

洋服やアクセサリーのレンタルサービスも増えていて、「**airCloset**（**エアークローゼット**）」「**SUSTINA**（**サスティナ**）」、男性向けでは「**leeap**（**リープ**）」、ブランド腕時計のレンタル「**KARITOKE**（**カリトケ**）」などが有名です。

これだけファッションシェアが一般化してくると、わざわざイベントのたびに服を購入する必要はなくなっていくでしょう。卒業式や結婚式でしか着ないような袴《はかま》やドレスを、ずっとタンスにしまっているのは効率が悪い、と考える利用者が増えれば規模の経済が働き、より使いやすいサービスになっていくことが予想されます。

ケース⑦代行業　正体がバレなければオイシイ？「恋人代行」「友人代行」

「**恋人代行**」や「**友人代行**」という一風変わった仕事も需要があります。

以前、知り合いから「5分で8000円の仕事があります」と言われたので話を聞いてみたら、「夜9時に池袋に来て、依頼者の女性と路上で5分間だけ一緒にいてください。それだけです」という内容でした。

どういうことかというと、依頼者の女性はその時間に友達カップルと街中ですれ違うことになっていたのです。見栄を張って「私にも彼氏がいる」と言ってしまったのでしょう。彼氏のフリをするだけで報酬を得られるなんて、ちょっとオイシすぎる副業かもしれません（笑）。

「婚約者のフリをして実家の両親に挨拶に行く」なんていう案件もあります。親に勧められたお見合いを断りたいという依頼理由です。これはかなり演技力が求められますし、事前に綿密な打ち合わせも必須でしょう。

もう少し一般的なところでは、**結婚式の友人代行**がオススメです。多額の交通費を出してまで地方から友人を呼びたくない、新婦側にはたくさん友達がいるのに、新郎側は友達が少なくバランスが悪いというような事情があって、友人代行を依頼するケースは意外と多いです。

ただし、バレないように注意が必要です。

依頼者はパートナーや両親にも内緒で、友人代行を頼むケースがほとんど。社会人になってから知り合った友人という設定であれば比較的簡単で、ミスが起きにくいように本名で参加することもあります。一緒にバーベキューをしたとか、飲み会で出会ったという程度の設定で済むので、それほど難しくありません。

これが小学校時代からの友人、という設定だと、難易度がグンと上がります。新郎の母親から「あらまあ、久しぶり。なんだか顔が変わったわねえ」なんて言われてしまえば、とっさに機転を利《き》かせて対応することが求められます。

とはいえ、一般の参列客は結婚式会場にまさか「赤の他人」が紛れ込んでいるとは想像もしていないので、疑われるようなことはまずありません。

「ファミリーロマンス」「AAS」「ブライズメイド」など、代行業者はいくつかあるので、ウェブサイトから登録申請をするといいでしょう。報酬額は、結婚式の友人代行の場合で5000〜6000円程度ですが、無料で美味《おい》しいごはんが食べられて、引き出物までもらえます。他人であっても、結婚式というのは感動するものがあります。楽しみながらできる副業の一つとして、オススメですね。

ケース⑧節税 好きな株を買わせて、子供とマネーリテラシーを高める

副業とは少し趣《おもむき》が異なりますが、支出を抑える工夫としては、**「ふるさと納税」**と**「iDeCo（イデコ）」**はぜひやったほうがいいです。「ふるさと納税」は導入されて10年が経ち、これだけ話題なのにまだやっていない人は多く、もったいないと思います。

しばらく前に、大手証券会社に勤める人と話をする機会があって、ふるさと納税とイデコの話になりました。「社内で8割以上の人が登録している」と聞いて驚きました。普通の会社だと逆で、8割の人はやっていないのではないでしょうか。思わず**マネーリテラシーの違い**を痛感しました。

こうしたお金に関するリテラシーは、学校では教わることができないので、家庭内で子供に伝えていくことがとても重要です。

たとえば子供にお年玉をあげたあと、そのまま銀行に預金しておくよりも、**株式投資や運用の話をして、親の名義で好きな株を買わせてみる**といいです。株価は上がったり

下がったりするものだ、と実感できるでしょうし、何よりも日々のニュースに敏感になります。企業の不祥事のニュースが流れたとき、「絶対株価下がるね」なんて会話が親子で交わせたら素敵じゃないですか？

副業もなるべく子供と一緒に取り組むほうが、教育的効果が得られるはずです。

4 章のまとめ

誰しも１つは、趣味や特技があるはず。それが、ほかの誰かに役立つスキルなら、一生食いっぱぐれない副業になるかもしれない。また、エキストラや代行業など、日常では得難い経験ができる副業もある。

現状を打破する 第一歩

自分のスキルを活かして、
月に一度、休日に気軽にできる
副業を1つだけ始めてみる。

5章

貯金、投資信託より絶対にお得！「ソーシャルレンディング」

～損せず儲ける「マネオ投資術」

Key word

- maneo
- ロールオーバー
- 心理的ブレーキ

テレビ広告に惑わされるな！
「心理的ブレーキ」を取り外せば、
真実が見える。

◉3万円台から始められ、しかも低リスク

ある程度まとまった貯金がある人にオススメしたいのが、**「ソーシャルレンディング」**です。

聞き慣れない言葉かもしれませんが、簡単に言うと、**お金を借りたい企業や団体に対して、私たち一般人がお金を貸すサービス**です。「融資型クラウドファンディング」とも呼ばれています。

日本初のソーシャルレンディング会社であり、業界最大手が**「maneo（マネオ）」**。**現在のところ運用実績は非常にいいです。これからソーシャルレンディングを始める人は、マネオがおすすめです。**

マネオは、お金を借りたい人と投資したい人を結ぶオンラインマーケットとしての役割を担っています。

マネオに対してさまざまな企業や個人が、お金を借りに来ます。彼らに対して、投資家はマネオを通して200万円でも1000万円でも投資することができます。マネオ

はそうやって多くの個人投資家から集めたお金を、借り手に対して年利を乗せて貸しているわけです。

企業はお金を借りた場合、マネオは手数料と利息を差し引き、投資家には利息の一部をバックします。つまり、返済され次第、毎月配当が出る。ある程度の金額を投資すれば、毎月かなりの額の副収入が見込めます。

年利5～8%のリターンが得られるので、余剰資金がある人にはかなりお得だと思います。1億円ぐらい資産がある人は、ソーシャルレンディングに投資するだけで年収500万～800万円ぐらいになります。

しかも**マネオの場合、最低3万円台から始められます**。元金保証はありませんが、貸し倒れのリスクも低く、労力もかかりません。3万円ぐらいだったら、多少失敗しても辛抱できるという人は少なくないと思います。

マネオに預けたお金が1年後にちゃんと返ってくるだろうか、と心配する人もいるでしょう。

結論から言うと、元金がゼロになる可能性は著しく低いです。ただし、投資先が破産した場合などは貸し倒れやデフォルト（債務不履行）のリスクはあります。元金保証があるわけではないので、100％返ってくるとは断言できません。

もちろん、そこはマネオ側もよく考えていて、**貸し倒れリスクを回避するために不動産の担保をしっかり押さえている案件が多いです。**基本的に、取りっぱぐれのない企業にしかお金を貸さない方針のようで、デューデリジェンス（投資対象の評価や査定）は確かです。

2011年まで行っていた個人向け融資ではデフォルトも起きていましたが、法人向けに限定してからはほぼ成功しています。

リターンだけで生活費が賄えることも

始め方はとても簡単で、マネオのウェブサイトから投資口座を開設するだけ。口座を開設したら、5万円でも100万円でも口座に投資用資金を入金しておけばオートケーです。トップページを見ると、「6・9％の利回りで3500万円募集」といった案件がたくさん紹介されています。募集額のうち何%埋まっているか、どういう事業を手がけているかなど詳細も記されています。ただ、次々と約定《やくじょう》していき、あっという間に満額成立してしまうので、スピード勝負とも言えます。

よく見ると、マネオ側が不動産担保を取っているケースもあります。万が一、貸し倒れになったら不動産を押さえることができるので、デフォルトのリスクが低く、投資家も取りっぱぐれにくいというわけです。事業内容や利回りを見て、「これなら怖くない」と思える案件を選ぶのがコツです。

株式相場の格言で「卵は一つのカゴに盛るな」と言われますが、ソーシャルレンディングの世界でも、それは同じです。**分散投資を意識して、複数の案件に少しずつ投資したほうが安心です**。融資先だけでなく、テーマや金額などもできるだけバラけるように投資するほど、リスクが下がります。

私の知り合いは、1億円を、1000万円、200万円、800万円、2000万円、1500万円……という具合に分散して、マネオに投資しています。

1億円を分散して投資すると、マネオのリターンだけで年収500万〜800万円になり、それだけで生活費が賄《まかな》えます。そうしたひと手間を加えることで、保全性はぐっと上がるのです。

短期間利回りの掘り出し案件を狙え

運用期間というのは、言い換えればマネオにお金を預ける期間のことです。たとえば14カ月で6・6％という案件であれば、この間に100万円預けておけば、14カ月後には6万6000円もらえるというわけです。もちろん、貸し倒れが起きない限りは、最初の元金100万円も返ってきます。

リターンと元金を回収できたら、さらに別の案件に投資するのが理想です。投資案件を乗り換えながら、どんどん投資額を増やす「**ロールオーバー**」の手法です。

ソーシャルレンディングの利回りは、平均すると年利5〜8％ですが、たまに好待遇の案件も出ています。たとえば、「5カ月で7・5％の利回り」という条件。

これだと、100万円を5カ月間預けられる人は、何もしなくても5カ月後に7万5000円プラスが出るのです。ただし、最近は、うまくいって味をしめた投資家たちが次々と投資している背景もあり、〝掘り出し案件〟は、あっという間に満額に達します。

銀行から借りられない意欲的な経営者に投資する

どうしてこれほどの高い利回りが実現するのか不思議に思う人もいるかもしれません。その理由を説明しましょう。

マネオからお金を借りる法人の多くは、銀行をはじめとする金融機関からは借りられないため、多少利息が高くてもマネオから借りようとします。

銀行は融資基準が非常に厳格で、会社の規模が小さかったり、創業してからの年数が短かったりすると、それだけで融資を断られてしまうのです。審査期間も長いので、すぐに借りることもできません。

それでも、**世の中には堅実に業績を拡大している小規模な企業はたく**

さんあるので、そうした法人に対して、マネオは融資をしているわけです。

借り手のほうは新規事業を立ち上げたい、店舗を増やしたい、設備投資したいというニーズがあって、高金利でも借りたいという人たちばかり。

社会に貢献したいという気持ちが強い経営者も多く、売上の一部を骨髄バンクに支援する企業もあります。ベンチャー系の企業も多いですが、意欲的で真摯な姿勢の経営者が多いのは事実です。

多少のリスクはありますが、先述の通り、不動産担保を取ったり、正確に審査をするなど高度なデューデリジェンスが土台にあり、その信頼性が保たれているのです。

それでもソーシャルレンディングに抵抗感を抱く方は、こう考えてみてください。

「**どうせお金を出すなら、意欲的で志の高い経営者や企業に出資しよう**」

せっかく投資したお金が何に使われているかわからず不安を抱くより、目に見える形で熱心に頑張っている人にお金を貸したほうが、応援する気持ちも湧いてきます。

◉──安全なのに投資しない人たちの「心理的ブレーキ」

日本のソーシャルレンディング市場はこの数年で急成長しており、融資総額は2014年には143億円に過ぎなかったのが、2015年には310億円、2016年には533億円、2017年には1316億円まで伸びています（クラウドポート調べ）。私はマネオの回し者でもなんでもないですが、資金需要は安定しており、今後さらに伸びていくのは間違いないと言えます。

ウーバーイーツやアマゾン物販のような実働系が嫌で、お金を預けたいけど大金は怖いという人は、ソーシャルレンディングがベストの選択だと思います。

何しろ、**投資信託に比べたら、リターンは5倍以上あります**。現在の投資信託は年利1%付くかどうか、場合によっては1%以下です。下手《へた》したらマイナスもあります。

3万円ぐらいから小さく始めれば、リスクはほぼゼロで、投資する練習としては好条件が揃っています。

さらに言えば、これだけクラウドファンディングが全盛にもかかわらず、クラウドファンディングの貸し付けスキームになっただけのソーシャルレンディングには手を出さない。これには正直、理解に苦しみます。

その原因として、多くの日本人に、投資や出資を良しとしない**「心理的ブレーキ」**がかけられているからではないでしょうか。

つまり、未知のものに対するマインドブロックが強すぎるのです。ソーシャルレンディングを始めるには、まずこの心理的ブレーキを解除する必要があります。

⊙──あなたのお金が金融機関に搾取されている

本章を終えるにあたり、日本人にかけられた心理的ブレーキの解除を試みたいと思います。

読者のなかには、銀行口座に預金している人が多いと思います。しかし、**銀行にお金を預けて安心している人は要注意です。**

銀行の預金金利は現在年利0・001～0・002%、と0・1%にも満たない。

金融機関の投資商品も同様で、年利1％前後の利回りがほとんどです。

一方、米国債の金利は年利2％台。米国債が世界で最も安心な投資と言われています。**リスクゼロで投資したいなら、米国債を買うのが最も無難です。**

アメリカ経済が破綻することは、いわば資本主義の終焉を意味しており、そのときは、世界経済がひっくり返るときです。当面、そんなことが起こるとは考えられません。

ということは、米国債の金利より低い利回りの投資商品は、全部〝負けている〟と思ったほうが賢明でしょう。

世界で最も安心な米国債ですらせいぜい年利2％なので、それ以下の金利を設定しているということは、金融機関が中間搾取していると思ったほうがいい。

金融機関が儲かるだけで、預金している人は安心を買っているつもりで、実際は搾取されているだけなのです。

利回りが米国債より低い金融商品というのは、安心を買わせているように見えて、要するに金融機関が「ピンハネ」しているだけです。

冷静に考えれば、すぐにわかります。たとえば金融機関が年利0・2％の投資商品でお金を集めて、年利2・3％ほどの米国債に投資して、差額を中抜きしてわずかなリターンを投資家に支払っている。こういった構図です。

多くの人は海外に投資するのが怖いから、日本の大手の金融機関なら安心だと思って投資信託を買ってしまいがちですが、ただ搾取されていることに気付いていないのです。

ちなみに、不動産投資だったら、東京であれば今は年利5～6％ぐらい出ます。マネオも年利5～8％なので、米国債より利回りで勝っています。

投資をする際の基準として、「米国債の金利」が重要な指標になるということは、覚えておいたほうがいいでしょう。

「大手保険会社だから安心」ではない

米国債で運用して、中抜きするというビジネスモデルは、保険会社も同じです。

さらに言うなら、**日本の生命保険もアメリカに比べると、コスパが悪すぎます**。

アメリカの生命保険は、日本と比べると数倍保険料が安いのをご存じでしたか？　日本の生命保険では、毎月2万～3万円保険料を支払っても、死亡時に受け取れる保険金は3000万～5000万円程度です。本来ならその倍ぐらいもらってもいいはずです。

外資系のプルデンシャル生命とかジブラルタル生命も、日本のルールに基づいた料金設定です。海外でプルデンシャル生命に保険加入したら、はるかに高い保険金を受け取れますが、それは違法行為になります。どうしても海外の保険に入りたい場合は、日本の国籍を捨てて、外国籍になるしかありません。

深く考えずにぼんやりテレビCMを見ていると、大手だから安心と思い保険会社を選んでいる人がほとんどだと思います。生命保険もよほど慎重に選ばないと、搾取されるだけで終わるでしょう。

生命保険に入るなら「都道府県民共済」がベスト

それでも生命保険に入っておきたいという人は、**「都道府県民共済」**で十分です。

たとえば都民共済だと、掛け捨てで月額２０００円ですが、補償内容は決して悪くありません。

もう少し手厚い補償を期待する場合は、プルデンシャル生命などの外資系にする（先述の通り、これでもアメリカに比べたら割高です）。

都民共済で最低限担保しておいて、もし将来、住宅ローンを組んで不動産投資をするのであれば、**「団体信用生命保険」**に加入しましょう。いわゆる「団信」というものですが、団信に入っておけば、死んだら借金ゼロになるので、家族に迷惑をかけることがありません。

5 章のまとめ

話題のソーシャルレンディングは、リスクはあるが少額の資金で始められ、高金利が期待できる。投資、出資に対する「心理的ブレーキ」を外して、素直な気持ちで何にお金を使うべきかを考えてみよう。

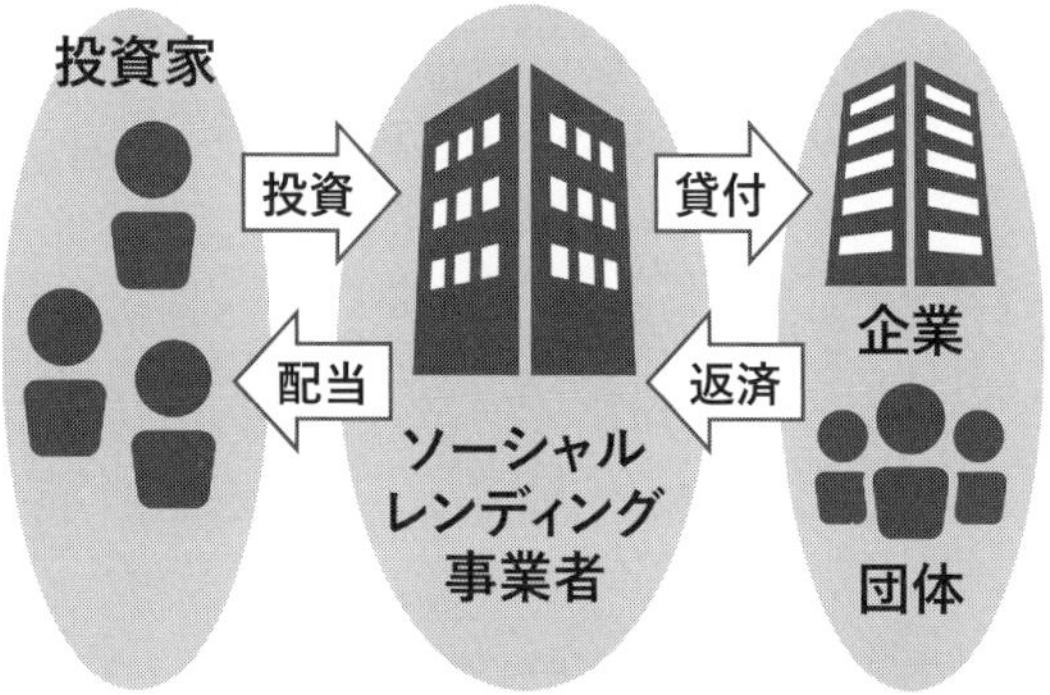

現状を打破する 第一歩

「マネオ」に登録して、
信用できると思った案件に
3万円投資する。

Key word

■amazon

■リサーチ力

■労働と資本

6章

「安く買って、高く売る」最高の〝宝探し〟

～「アマゾン物販」の㊙ノウハウ

習慣の「逆バリ」にこそ
ビジネスのヒントがある。

⊙—仕入れたモノを欲しい人に届けるビジネスモデル

ウーバーイーツやクラウドソーシングである程度お金を作れたら、5万～10万円ぐらいの余剰資金で「**amazon（アマゾン）**」**を使った「物販」**に挑戦してみましょう。

物販はあなたが思っているよりも簡単にできるので、ウーバーイーツなどの実働系の次のステップとしては最適です。

アマゾン物販とは、「**ヤフオク！**」や家電量販店などで安いものを仕入れてアマゾンで売るというもので、いわゆる〝転売〟です。**価格差のある商品を見つけて、〝安く買って高く売る**〟。これが基本です。

「それはただの物転がし。人のふんどしで相撲をとっているだけではないか」

そう言って、物販をビジネスとして認めない人もいるでしょう。

しかし、私は違います。**物販で得る収益は、〝人が物を探す手間を省いてあげた手数料**〟と捉えています。

言い換えれば、物を探す作業を代行したことに対する「ありがとう」という気持ちの対価を受け取るわけです。

考えてみてください。

私たちが、アマゾンにアクセスして、ワンクリックでいろいろなものが手頃な価格で購入できるのは、どうしてでしょうか?

誰かが頑張って安く仕入れてきて、アマゾンに出品しているからです。

たしかに百貨店やセレクトショップで売られている商品は、街中の洋服屋さんでも同じものを買うこともできます。百貨店やセレクトショップは、良いものや上質なアイテムを世界中から集めてきて、仕入れ値より少し高い値段で販売し、その差額を従業員への給料や店舗の維持費に回します。

その意味では、**何らかの商品を扱うすべての商売は、転売と同じ仕組みなのです**。個人で転売をしている人は〝転売ヤー〟と呼ばれ、あくどい商売をしているイメージを持たれがちですが、決してそうではありません(もちろん、なかには法外な価格で商品を販売する不届者がいるのは事実です)。

たとえば、山口県の漁港で200円の価格が付いた魚は、東京では500円で売れます。東京の人が山口まで買いに行くことはできないので、誰かが代わりに山口まで買い付けに出掛け、東京の人が買えるようにしているわけです。

買いにくいところ（=**ヤフオク！や家電量販店**）**から買いやすいところ**（=**アマゾン**）**へと移動させることで、世の中の役に立つことができ、それが利益を生む仕組みです。**

ネット上のことではありますが、アマゾン物販は、価格差のあるものを見つけて手に入れ、しっかり検品し、欲しい人のところまで送り届けるという完成されたビジネスモデルなのです。

⊙——1カ月で100万円以上の利益を出した黒川さんの事例

副業アカデミーの講師の一人で、アマゾン物販を専門に教えている黒川喜寛さんの話をしましょう。

現在40代の黒川さんはもともと大手電機メーカーで研究開発職として働いていました。ところが業界全体が下降線をたどるようになると、「給料がカットされる」「リストラ候補に挙げられた」といったネガティブな噂を社内で耳にして、いち早く〝危機感〟を抱くことができた人の一人です。

黒川さんは30代半ばだった当時、「これからサラリーマンとして生きていくとして、60歳までのキャリアプランを書け」と人事から言われて、ウンザリした気持ちになったそうです。

これはつまり、会社に精神的に依存させるように仕向けて、「会社の奴隷」になることを求めているようなもの。それでいて、一方では次々とリストラを進めているわけですから、不信感を持つのも当然です。

そのときに「はっきりと目が覚めた」という黒川さんは数々の副業に挑戦した末に、アマゾン物販に活路を見出しました。

まずは家電量販店やホームセンターで安くなっている商品を見つけてきて、その場でアマゾンの価格を調べて転売していました。年末のクリスマス商戦の時期は最大のかき入れ時で、月７００万円もの売上を上げて、たった1カ月で１００万円以上の利益を叩き出していました。利益率は20％ぐらいだったそうです。

最初は会社員として働きながら副業を続けていた黒川さんでしたが、これだけ利益が出せるなら大丈夫だろうと判断し、40歳になる直前で会社を辞めました。

今ではサラリーマン時代をはるかに超える収益をコンスタントにあげています。

ヤフオク！で落札した「お鍋」が、アマゾンだと5倍の価格で売れる

では早速、具体的に物販で副業するためのフローを紹介しましょう。

まずは、「**仕入れ**」です。当たり前ですが、モノがなければ、何も売れません。

仕入先は、日本最大級のネットオークション・フリマアプリの「ヤフオク！」がオススメです。

ヤフオク！で仕入れるほうが良い理由は、単純に**商品が安く売られている**からです。

一方、アマゾンで売られているものは基本、ヤフオク！に比べると割高です。

しかもアマゾンは集客力がダントツで高いので、「売り場」としてはベストな条件です。したがって、**売り先としてはアマゾン一択**。

アマゾン物販のイメージ

実際、ヤフオク！を使って1250円で手に入れた新品の「お鍋」が、アマゾンでは7000円で売れたりします。その差は、なんと5倍以上！　4900円で落札したアニメグッズが、アマゾンでは1万5000円の高価格で売れることもあります。マイナーなものとしては、たとえば全国の自治体が無料で配っている「マンホールカード」が500円ぐらいで売れたりします。

利益は平均すると、販売額の約40%。

8000円で仕入れたものを2万円で売り、手数料の約20%（4000円）を除いて、8000円儲けるというイメージです（右ページ図）。

ヤフオク！で仕入れる物販の場合、仕入れに失敗しても、最悪ヤフオク！で仕入れ値で売れば、手数料と配送料を除けば赤字になることはありません。

これだけだとなんだか大変そうに思えますが、心配いりません。**あくまで副業なので毎日1時間ぐらいコツコツ続ければ大丈夫です。それで10万円ぐらいの副収入は十分期待できます。**

ビジネスパーソンなら、メルカリよりヤフオク！が便利

家電量販店やディスカウントストアなど実店舗を回ってもいいですが、仕入れに時間がかかります。フリマアプリの「**メルカリ**」を使って安く買えるケースもありますが、メルカリは即決購入が原則です。狙っている商品がいつ出品されるか予測できませんし、出品されたら夜中でも購入手続きの作業をしなくてはなりません。

一方、ヤフオク！はオークション形式なので、終了時間の直前まではとくに何もしな

くていいので、効率がいいのです。ビジネスパーソンであれば、仕事後にチェックすればいいので、スキマ時間を有効に使えてちょうどいいでしょう。

また、市場規模から考えても、メルカリの流通総額３４６８億円（２０１８年6月決算時）に対し、ヤフオク！の流通総額は９４２６億円（２０１７年度）と約3倍の差があります。〝宝探し〟をするなら、より大きな山で探したほうが、発掘のチャンスは広がります。

ちなみに、アマゾン物販を始める際に、モノを仕入れることに抵抗のある人は、**古本や使い古した家電など手元にある不用品の販売から始める**といいと思います。

購入者との複雑なやりとりも不要なので、物販で高額商品を扱う前の練習としてはうってつけ。何より、給料以外に収入を得られるという実感が湧きます。

⦿――ソフトやツールを使わず、「リサーチ力」を磨く

副業として物販をするうえで差がつくポイントは、**価格差を見つけて仕入れ**

るという「リサーチ力」です。

このリサーチ力さえ身に付ければ、物販で損するリスクを回避し、大きな利益を手に入れることができます。

アマゾン物販で失敗する人の多くは、リサーチ不足です。とくにリサーチもせず、なんとなく買ってみるというのは、うまくいかないことが多いです。よくやってしまいがちなのは、ヤフオク！でパッと見たら7000円で売られている商品が、アマゾンを見たら1万円の価格が付いているから儲かるだろうと思って買ってしまうようなパターンです。

過去の販売履歴や個数までしっかり見ないと、たまたまその一瞬だけ価格差があるということもよくあります。数日でアマゾンの価格がヤフオク！並みに下がってしまうと、儲けは見込めません。

仕入れ商品のリサーチは、基本的にはヤフオク！とアマゾンの過去相場を比較して行います。両者とも無料で過去の販売履歴を閲覧できるので、見比べることで「常に利益が出やすい商品かどうか」を見通せるというわけです。

このようにして一つひとつ商品の相場差をチェックしていきます。

ネットで検索すると価格差のある商品を自動的に抽出するソフトやツールがたくさん存在しますが、**できるだけそうしたものには頼らず、自力で価格差のある商品を発掘してほしい**と思います。

なぜなら、ほかの人も同じツールを使ってリサーチしているからです。そのツールを使って、みんなが同じものを仕入れたらどうなると思いますか？

そう、市場原理が働いて価格競争になり、儲けが一気に小さくなってしまいます。

難易度は高いですが、ぜひ、手作業で利益が高い商品を見つけ出すリサーチ力を身に付け、独占的に売り買いするやり方をマスターしてください。これぞ、まさに〝宝探し〟の醍醐味です。

30年前のワープロが30％の利益を生み出す？

ニッチな商品を見つけ出して売るといっても、具体的にイメージしづらいと思います。そこで、「**1990年代に発売されたワープロ**」を例に、〝宝探し〟の過程を擬似体験してみましょう。

アマゾンの過去のランキングや価格の推移、売れた個数などを確認するには、「**Keepa（キーパ）**」というツールを使うといいでしょう。「**モノレート**」というツールでも同じことはできますが、前者のほうが細かいデータが抽出されるのでオススメです。検索が素早くできるように「**SearchBar（サーチバー）**」も入れておくと、作業が一気にラクになります。

２０１８年10月にキーパを使い、このワープロのアマゾンでの価格推移を見てみると、最安値でも1万６８００円で売れています。３カ月で売れた個数は、10台。わりとコンスタントに1万７０００円前後で売れているということは、アマゾン手数料の20％を除き利益率30％ぐらいを確保するには、ヤフオク！で８５００円以下で仕入れることができれば、成功です。

次に、ヤフオク！で型番を入れて過去相場を検索すると、故障している商品は論外として、検品済みの「動作品」が過去に５５００円で落札された履歴があります。

そのような利益が出る商品を見つけたら、「BidMachine（ビッドマシン）」という入札予約ツールに登録しておきましょう。このツールの「定期チェック」という機能に型番などを登録しておくと、次にヤフオク！にその商品が出てきたときに、アラートを出してくれます。

それが動作品なら、利益が出る上限価格を割り出して、ビッドマシンの入札予約機能で設定しておけば、その値段まで自動的に「入札合戦」に参加してくれます。あとは、落札するのを待つだけ。設定した価格以上になると入札しないので、利益が出ない商品は無視することができます。

ちなみに、ビッドマシンはパソコンを起動した状態でないと動作しないので、自宅でパソコンを立ち上げて、いつでも入札される状態にしておきましょう。パソコンは壊れにくいデスクトップがオススメですね。

人間の心理を逆手に取れば、廃盤商品も〝お宝〟になる

売買価格差のある〝お宝商品〟を発掘する際にはいくつかポイントがあります。

1つは、**「廃盤商品」**を狙うこと。

30年前に発売されたワープロでも売買が成立し、しかも30％も利益が出せるのは、廃盤商品だからです。製造中止になった商品を、アマゾンで探している人はかなりいます。リアル店舗やメーカーに問い合わせても手に入らないので、必要な人にとってはすごく価値があるモノなのです。

一見すると、こんな古めかしい廃盤商品のワープロなんて、誰が買うのだろうと不思議に思うかもしれませんが、人間の行動心理に照らして考えると、十分理解できます。

人間というのは基本的に「新しいことを避ける」生き物です。

ワープロに慣れている人であれば、今さらパソコンを買うのはストレスが大きいので、昔のモノを使い続けるというのは、それはそれで合理的な選択と言えます。

ウィンドウズのパソコンも、いまだに古いOSをずっと使い続けている人がいるように、新しいことをするのは、心理的なハードルがすごく高い。まさに、サラリーマンが初めて副業に挑戦するときの心理も、同じようなものかもしれません。

自分がいつもやっている安心領域というのか、コンフォートゾーンから抜けることができない人は、じつに多いのです。「いつもやっていることをずっとやっていたい」という人間の心理を逆手に取れば、アマゾン物販で儲けることもできるわけです。

⊙――専門業者もアマゾンで買っている

仕入れ商品のリサーチをするうえで、廃盤商品のほかにもう一つポイントになるのが、**「知らない商品を見ろ」**ということです。

知らない商品とは、たとえば、テレフォンオペレータの人が使うワイヤレスヘッドホンや大工さんが使うような業務用の工具などです。水道の蛇口みたいなものもいいですね。おそらく読者のほとんどが知らないようなメーカー名や、マイナーな商品を意識して探してみてください。

マイナー商品でなおかつ廃盤品なら最高です。

じつは、**多くの専門業者がアマゾンを頻繁に利用しています。**アマゾンは翌日に商品が届くし、在庫を持たなくていい点も好都合なのです。

しかし、専門業者の方はヤフオク！では買いません。金額も落札するまではっきりしないし、そもそも手に入るかどうかもわからない。領収書も出ない。となると、経費処理できないこともある。一方、アマゾンだったら領収書も出るから、問題なく経費処理できます。

固定観念を捨ててリサーチする

さて、具体的な探し方ですが、ヤフオク！の画面から見ていったほうがいいでしょう。とにかくどんどん手を動かして、目星を付けていきます。

たとえば、「事務用品」というカテゴリの「その他」をクリックして、端から順番に見ていきます。ラベルプリンターとか業務用ホッチキスとか、あまり普段使わないような商品ばかり並んでいますが、このなかで値段が少なくとも1万円ぐらいはするものを優先して見ていきます。数百円とか2000～3000円で売れるものは、手間がかかるわりに利益が薄く、効率が悪いのでこの時点で除外します。

リサーチをするときには、**自分の固定観念を持ち込まない**ことが非常に重要です。自分の〝主観〟は敵だと思ったほうがいい。自分の好き嫌いで考えて「これは売れないだろう」と思ったものは、案外売れます。

たとえば、テレビを見たときには、テレビやレコーダーを売ろうとするのではなく、チューナーやケーブル、取り付け器具を見ること。自分の知っている世界から、一歩だけ遠くへ行くような感覚です。普段、目にも留めないような部分にこそ、お宝が眠っているのです。

逆に、自分が気に入ったものばかり見ていても、売れるものは見つかりません。自分が欲しいか欲しくないかは、一切無視してください。

売買価格差のある商品が見つけられないという人は、たいてい「自分の知っている商品」ばかり見ています。自分の主観を混ぜると、高確率で失敗します。

失敗例として紹介すると、動物好きのある方が、ついついペット用品やペットフードにばかり目がいって、自分が気に入った商品を仕入れることに。案の定《じょう》、原価割れを起こし、大量に在庫を抱えて、損を出してしまいました。明らかにリサーチ不足だったわけです。

価格や仕入れ数を自分の感覚で決めてはいけません。何がいくらでどのぐらいの頻度で売れているかをしっかり調べて、売れるものだけを仕入れるのが鉄則です。よほどの知名度やカリスマ性がある人であれば、アフィリエイトなどで売り切る方法もありますが、普通の人にはまず無理です。

「自分が欲しいと思ったものを売る」というのは、一見正しいようにも見えますが、少なくともアマゾン物販では違います。**物販はリサーチがすべてで、データが命**です。自分が興味のない商品にこそ、意外なお宝が眠っていると考えたほうがいいでしょう。

ニッチな商品を1日1個探せば、大きな利益に

こうしたリサーチは、少なくとも1カ月ぐらいは諦めずに続けることが大事だと思います。慣れるまでは試行錯誤していく部分が必ずあるので、良い商品がすぐに見つから

なくても、気にせず続けることが肝心です。過去のデータがすべてなので、キーパのデータを読みながら探していけば、失敗もしにくいです。

最初のうちはやり方を忘れやすいので、毎日1時間ぐらい続けてください。初めは手つきもおぼつかないかもしれませんが、慣れてくるとどんどんスピードが上がり、機械的に処理できるようになってきます。

「アマゾンプライムセールや楽天スーパーセールを狙って商品を仕入れろ」と言う人もいますが、私はオススメしません。そのときは確かに安く買えますが、みんなが殺到するので、結局アマゾンの価格も下落するからです。

一方、ニッチでマイナーな商品を一つひとつ手作業で探していくやり方は、手間はかかりますが、滅多に競合しません。「必要としている人のために、その人の代わりに安いものを探している」と考えれば、後者のほうが商売としても真っ当だし、長続きします。仮にアマゾンで思ったような金額で売れなかったとしても、ヤフオク！で同じ値段で売り戻せば、それほど損はしません。

毎日地道に、「1年で1個しか売れないような商品」を見つけるぐら

いがちょうどいいです。そういうニッチな商品を毎日見つけることができれば、1年間で365個売れるわけですから。それだけで100万円ぐらいはすぐ稼げます。

このように、ヤフオク！とアマゾンのページを見比べていると、いろいろなものの値段感覚がつかめるようになり、数字にも徐々に強くなれるはずです。

もちろん、リサーチ不足で在庫がはけない場合はつらいものがありますが、最初から100点満点を取れるわけはないので、どこでデータを読み間違えたのかを分析し、値下げして売り払ってしまいましょう。仕入れ値程度で売れば、送料や手数料を損する程度なので、損害は意外と小さいものです。

◉──「売れるモノのリスト」を増やせばラクできる

廃盤商品やニッチな商品をヤフオク！で探して安く売っていくと、自分のなかで「**売れるモノのリスト**」として蓄積されます。仕入れリストというのは、言い換えれば〝お宝リスト〟です。その商品がヤフオク！で出品されるたびに、即買いする。それをまた、アマゾンで売ればいいだけなので、とてもラクになります。

このように、ヤフオク！とアマゾンの間で価格差が大きい商品をリスト化していく、というのが最善策でしょう。

慣れてくると、仕入れた瞬間に「よし、これで4000円儲かった」という具合に利益が見通せるようになります。アマゾンで実際に売られている価格さえわかれば、「どんなに相場が狂っても3000円は利益出る」「うまくいけば6000円儲かる」という見方ができます。

「売れるモノのリスト」が、30個、50個、100個と増えていくほど、やらないわけにはいかなくなります。極端な話、「お金が落ちているような状態」が続くわけです。

最初のうちは「1日、何時間やらないといけないんですか？」と不安がる人も多いですが、このレベルまで到達すると、そんな疑問さえ浮かばなくなります。

気持ちがそわそわして、やらないと損という意識になり、気付いたら数時間過ぎていることもあります。ここまでくると、勝ちも同然です。

⊙――この世のビジネスは情報格差で成り立っている

ここまで読んで、疑問を抱く方がいると思います。

どうして、ヤフオク！で安く買って、アマゾンで高く売るというビジネス自体が成り立つのか、と。答えは簡単です。

・ヤフオク！では出品数は多いが、オークションのため買いにくい
・アマゾンではヤフオク！に比べて商品点数は少ないが、簡単に買いやすい

ほとんどの人はこのことに気付いていません。
しかし、この情報を知っていれば、

・ヤフオク！では、買いにくい⬇安く買える
・アマゾンでは、買いやすい⬇高くても売れる

と変換するだけで、アマゾン物販で儲けることができるのです。

不思議に思われるかもしれませんが、世の中のビジネスのほとんどは、情報格差が大きな要素になっています。

不動産売買の仲介もそう。自分で調べることもできるのに、やり方を知らないからみんな仲介業者から情報をもらって、3%の仲介手数料を払って物件を買っています。仲介業者の持つ情報には3%分の価値があり、だからサービスとして成り立っているのです。

ご自身の消費行動を考えてみてほしいのですが、家電や雑貨をネットで買おうと思ったら、まずアマゾンを見ます。逆に、不用品を売ろうと思ったら、ヤフオク!を開くと思います。**そういった世の中の潮流に対して一歩立ち止まり、その逆をやってみると、ビジネスにつながることは非常に多い**です。これはアマゾン物販に限らず、あらゆる場面で言えることです。

⦿──アマゾンには毎日、全世界からお客さんが集まってくる

もっとも、アマゾンでモノが高く売れる理由は、集客力の大きさにほかなりません。簡単な話ですが、たとえば同じ廃盤のワープロを地方にあるリサイクルショップで売ったとしても、同じ値段では売れません。売れたとしても、何年かかるかわからない。これではビジネスになりません。

でも、**アマゾンは日本だけでなく世界中から莫大な人数を集客しているから、高い値段でも買いたいという人を見つけて取引を成立させることができる**のです。

地方のリサイクルショップは、アマゾンと同じ値段で買ってくれる人を集客できないわけです。だからアマゾンより価格を下げざるをえないのですが、それでも買い手が付くかどうかはわからない。

地方のリサイクルショップに来るお客さんはせいぜい半径5キロ程度ですが、アマゾンには毎日、世界中からどっとお客さんがおし寄せてきます。集客力の高さこそ、アマ

ゾンの最大の価値の一つと言えるでしょう。

出品代行業者にアウトソースするのも手

さて、アマゾン物販が軌道に乗ってきて、今度は忙しすぎて本業に支障をきたしかねないという人は、**「出品代行業者」**を活用してもいいでしょう。

試しに「アマゾン　出品代行業者」で検索してみてください。たくさんヒットするはずです。出品代行業者に仕事を依頼すると、ヤフオク！で仕入れたものを転送するだけで、検品と梱包をして、アマゾンの倉庫まで送っておいてくれます。手数料はかかりますが、品物の受け取りや発送はすべて出品代行業者がやってくれるので、自宅に商品が溢れるようなことにはならずに済みます。

家にどんどん荷物が届いて、受け取るのが面倒と感じるようになったら、そのタイミングで出品代行業者を使い、自宅に届かないようにするのがオススメです。

出品代行業者を使ってうまくやれるようになれば、自分自身は海外にいようが田舎にいようが、関係ありません。外出先で指示を出すだけでいいので、自宅にいる必要がないのです。インターネットさえつながれば、どこでも働くことができます。

自分で作業したほうが利益率は高くなりますが、最終的には出品代行業者を使っても、利益率が30〜40％出るように仕入れることを目標にしましょう。

FBAを活用して効率&売上アップ

もちろん、最初は自分で商品を受け取って検品して、自分で発送してもOKです。物販の仕組みが理解でき、儲けも大きいです。「売れた！」という手応えも得られます。

しかし、そのためにはどうしても、在庫を置いておくスペースが必要になります。

広い部屋に住んでいる場合はまだいいのですが、一人暮らしの場合などは、事前に部屋を整理してスペースを確保しなくてはなりません。

そこで活用したいのは、**「フルフィルメント by Amazon（FBA）」**

FBAとは、出品者に、アマゾンの物流拠点（フルフィルメントセンター）に商品を預けてもらい、アマゾンが商品の保管から注文処理、配送、返品に関するカスタマーサービスまでを代行するサービスです。

アマゾンのホームページによれば、「ＦＢＡを利用した商品にはプライムマークが表示されるため、購入者への訴求力が高まり、売上アップが期待できます。ＦＢＡを利用されている出品者様を対象とした調査結果では84・６％の出品者様が『ＦＢＡの利用を開始したことで利用前と比較して売上が向上した』（２０１６年4月 Amazon 調べ）」そうです。

まずは、自宅で作業することに慣れてきたら、ＦＢＡや先述した出品代行業者を使えばいいでしょう。

副業なのにアルバイトを雇う!?

このように、物販は単に稼ぐ目的だけではなく、**ビジネス感覚を磨くには絶好の機会であり、まさに本業にも活かされる副業**と言えます。

そして**最終的なゴールとして、物販を副業に選んだ方には、これまで説明した過程をすべて自動化してほしい**と思います。

つまり、リサーチや、出品代行業者に連絡してスケジュール管理して、発送するまでのフローをすべて、アルバイトを雇い外注するのです。

アルバイトに全部やり方を教えるので、何を仕入れるかもアルバイトに決めてもらい、最終的に自分が行うのは入出金の確認や、仕入れたモノがいくらで売れているかの明細を確認するだけ。アルバイトがリサーチして見つけてきた商品に対して「いいよ、買って」と許可してお金を出して、それ以外の作業はすべてアルバイトと出品代行業者に任せてしまうのです。

アルバイトに月10万〜20万円の給料を支払ったとしても、毎月の利益が50万〜70万円出ていれば、十分手元に残るでしょう。むしろ、**自分はその分だけ時間が創出されるので、違うビジネスに着手することができます**。

アルバイトでも、雇用したら国から助成金が出る場合があります。そうすれば、年間の給料の何割かを助成金で支払うことも可能です。

もちろん、信頼できるアルバイトを見つける作業はそれほど容易ではないですし、ノウハウを盗まれるのが心配なら契約書を作る必要もあるでしょう。

ただ、アルバイトをしてまでノウハウを盗むような行動力のある人は滅多にいません。与えられた仕事を正しくやって、アルバイトでいいから確実に月15万円とか20万円もらえるほうがいいという人が圧倒的に多いと思います。

⊙──サラリーマンからビジネスオーナーへ

月商200万円とか300万円ぐらいまで稼げるようになったら、ぜひアルバイトを雇うことを考えてみてください。本業では味わえない体験ができるはずです。

「本業では味わえない体験」とは、**キャッシュフロー・クワドラント**の位置が変わることと関係しています。キャッシュフロー・クワドラントとは、アメリカの実業家、ロバート・キヨサキ氏が著書『金持ち父さん貧乏父さん』の中で提唱した、お金の流れ（キャッシュフロー）を4つに分ける（クワドラント）考え方です。簡単に言うと、あなたが

キャッシュフロー・クワドラント

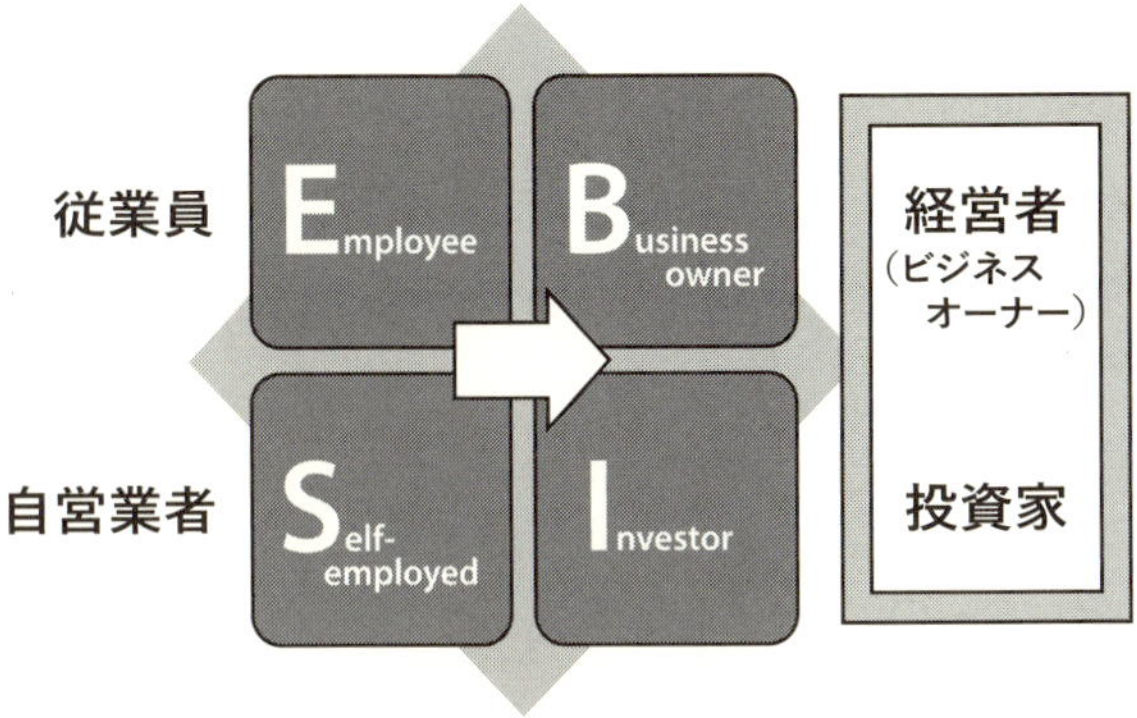

労働者から資本家に変わるということです。

上の図で言うと、左下のセルフエンプロイド（自営業者）から右上のビジネスオーナー（経営者）にシフト。左側の労働収入から右側の権利収入へとシフトできる可能性が、物販をやることで起こりうるのです。

これは、サラリーマンからビジネスオーナーへの転身そのものです。

物販のオーナーになり、実働はアルバイトに任せられるようになったら、さらに次のステップとして株式投資や不動産投資に挑戦してみるのもいいでしょうし、物販だけでどんどん規模を拡大してもいいでしょう。

6 章のまとめ

アマゾン物販で儲けるにはリサーチ力が不可欠。また、事業が軌道に乗り、「出品代行業者」「アルバイト雇用」を活用すれば、本業では得られないビジネススキルを身に付けることができる。

ヤフオク!
で仕入れ
アマゾン
で売る
この作業をアウトソースすれば
ビジネスオーナーになれる

現状を打破する第一歩

ヤフオク!で自分の知らない
ニッチな商品を見つけて、
アマゾンで販売する。

7章

副業が本業にもプラスになる

～スキルとマインドが高まる「副業の力」

Key word

- 精神的ゆとり
- 生産性向上
- 副業バレ

終業後の副業こそ、
最高の働き方改革だ!

ここまで副業の具体的な手段を紹介してきました。読者のなかには、すでにいくつかの副業を実践したという人もいると思います。

本書の通り実践してきた人には、最終的に本業にもいい効果が生まれています。具体的に本業にどういった効果をもたらしているのか、詳しく見てみましょう。

副業を続けていると、本業もラクにこなせるようになる

副業をしている人に共通して言えるのは、みなさん**副業をきっかけに仕事の能力が高まっているということです**。他社から、ヘッドハンティングされる人も多いです。

副業を解禁している企業でも、本業を疎かにすることは許されません。だから、本業と並行して副業もこなせる人は、まず仕事のキャパシティーが自然と広がります。

副業で成功して仕事のキャパシティーを広げれば、精神的に自信がつきます。作業効率とか時間管理の面でも少しずつレベルが上がっていくので、本業でも確実にパフォーマンスが向上していく。私自身もそうでしたし、周囲にもそういう人が多くいます。

私の知り合いで大手通信会社に勤める男性は、若くして課長に大抜擢されました。彼も副業がきっかけで本業が加速したタイプです。20代で年収1000万円を超えました。そういうことも十分に起こりえるのです。嘘だと思うかもしれませんが、これはやらない人にはわからないことかもしれません。

彼が言うには、**「副業を続けるうちに少しずつ自信がついてきた。気が付いたら、本業もラクにこなせるようになっていた」**そうです。

副業というのは、自ら決めて行動しないと、何も始まりません。危機感を感じて目標を設定したり、自分から情報収集をしたり、小さな一歩を踏み出したりと、自発的にならざるをえないので、そのスイッチが切り替わらないと、成功しないのです。

副業が本業に活きてくるという理由も、そういう部分が関係しているのかもしれません。**副業を始めることで、受動的な人から能動的な人に切り替わるきっかけが生まれる**わけです。

受動的で保守的だったり、リスクが気になって行動できないという人が、少しずつ能動的に自分から動ける人に変わる。副業を通じて小さなリスクを取れるようになり、能動的に物事を動かしたり結果が出せるようになると、本業でも同じように能動的になれるということです。

逆に言うと、今の状態に危機感を抱かず、会社のなかで漫然と受け身の姿勢で過ごしている人や、何も考えずにボーッとしているだけの人は、本業でも副業でもうまくいかないかもしれません。

本業がパワーアップした内田さん

副業をきっかけに本業が加速したもう一つの例として、副業アカデミーに通う受講生の内田さん（男性）をご紹介します。

内田さんはＩＴ関連の企業に勤めながら、副業として不動産投資を始めた結果、本業でも評価が大きく上がりました。

内田さんの会社は外資系なので、決して終身雇用というわけではなく、死ぬまで会社が面倒見てくれるわけではありませんでした。50代ぐらいで突然解雇されてしまうこともあるので、「このままで大丈夫かな」という漠然とした不安があったそうです。そういう不安や危機感を原動力にして、副業を始めたと言います。

収入が本業と副業の２本柱になってからは、精神的にもかなり安定するようになったそうです。「うまくいく方法がわかった。でも、会社にいるほかの人たちは知らない。自分は一歩突き抜けることができた」という実感が湧き、本業にもより力が入るようになりました。会社に対して給料を上げてもらえるように交渉したこともあります。

いざとなったら「切られても大丈夫」という自信があるので、強い気持ちで仕事に向き合えるようになったわけです。

「ウンコ拾い」で周りの評価も高まった

目に見える変化はそれだけではありません。みんながやりたがらないような仕事も、「じゃあ、俺やろうか」と自発的に動いたら、「内田さん、本当に助かりました」と感謝されるようになり、社内での評価も着実に上がっていったのです。

内田さんの話で印象に残っているのは、ちょっと汚いたとえなのですが「**ウンコ拾いをすればいい**」。

「みんな、会社のなかで『あそこにウンコ落ちてる』『汚い、臭い』と文句だけは言うんですが、『じゃあ掃除して、もうウンコが落ちないようにしてください』って頼むと、『いや、それは僕の仕事ではないので』と言って、結局何もしない。そういうときに、自分からウンコを拾いに行って、もう落ちないように仕組みやルールを作る。そうすると、すごく周りから評価してもらえる。ウンコ拾いすれば、どこでも勝てるようになります」。こう言っていました。

他人が手をつけたがらない問題に果敢に取り組み、結果を出す。

こういうことができるには、やはり副業で得た**精神的なゆとり**が不可欠です。

会社内ではいろいろな人がいますし、なかには相性の悪い人もいるでしょう。むしろ、それが普通かもしれません。そういうときに、精神的なゆとりがないとパワーダウンしてしまいますが、ゆとりがあれば〝何を言われても気にならない状態〟になります。自分には本業と副業の２本の柱があると思えば、周囲の人と自分を比べようとは思わなくなるのです。

内田さんの場合、もともと〝変なプライドを持たない〟という姿勢があり、それもプラスに働いたと思います。副業アカデミーでも、年下の講師たちに対しても、決して上から目線で構えるのではなく、貪欲に学ぼうというスタンスがありました。相手が年下だろうが何だろうが、役に立つ話はしっかり聞くという意気込みがありました。

そういうスタンスを取れたのも、**副業の〝心構え〟がしっかりしていて、現状に対する危機感を持てていたから**だと思います。

年下に対しても謙虚に振る舞う行為は、むしろ自分に自信のある人でないと、できないことです。自信があるからこそ、本業では会社に対して給料アップを要求できるようになり、それがちゃんと実現しています。会社に対して対等な意識を持てるようになるので、「とりあえず提言してみよう」と大きく出られるわけです。

その結果、内田さんはこの2年足らずで年収が200万円以上アップし、本業の収入だけでも年収1000万円近くあります。副業のほうも、副業アカデミーの有料講座を受講後に不動産投資を始めて、めきめき上達。順調にリターンをあげています。

良い流れというのは周りにも好影響を及ぼすもので、どういうわけか、奥さんの収入もアップ。「次はどんな目標を立てようか」とワクワクしながら人生を過ごしています。

⊙――イエスマンで終わるか、会社を変えるリーダーになるか

内田さんの例でもわかるように、副業で稼げるようになると、上司に対しても言いたいことが言えるようになります。良くも悪くも、会社に対して経済的に依存していないから、〝イエスマン〟である必要がなくなるのです。

芯の通った話や本質を捉えた話をしっかり言えるようになるので、逆に見直されることも多いです。「その判断はおかしくないですか？」と自分の考えをハッキリと主張すれば、自ずとリーダーシップを取れるようにもなるわけです。

もちろん、言い方には気を付ける必要があると思いますが、言いたいことをハッキリ言うほうが、**「こいつは肝《きも》が据わっている」「自分の意見を言えるから、リーダーになれるタイプだな」**と見られるようになります。

今の時代、決してイエスマンが評価される時代ではありません。組織というものは、必ずリーダーが必要になります。イエスマンだけでは組織は回らないので、自分の意見がきちんと言える人は、確実に評価されます。

それから、**人間関係やコミュニケーション能力の面でも、副業をやっていると自然といい変化が出てきます**。

ウーバーイーツやアマゾン物販では、お店やお客さんとのやりとりが発生しますし、何かと気を配る場面も多いです。相手の立場に立って考えたり、一歩先回りして考えたりということが必要になってくるので、これは本業でも必ず活きてきます。

たとえば、本業でも同僚や部下の気持ちをくみ取ってあげられる余裕が出てきたり、副業をやっていると次第にリーダーらしい姿勢や立ち居振る舞いが身に付いてきます。

私の場合は工作機械メーカーで働いていたときに、副業として不動産投資を始めましたが、営業成績は明らかに伸びました。

また、仕事の効率が上がったり、任される仕事の規模が大きくなりました。おそらく、副業がうまくいっていることで自信が生まれて、客観的に見てもしっかりした人間に見えるようになったのでしょう。「こいつ、デキるな」という目で見られるようになると、規模が大きい案件も優先して回ってくるようになりました。

会議や商談の時間を5分でも短縮するように

副業を始めると、本業の時間の使い方も変わります。本業以外の時間が貴重になるので、無駄な時間を減らそうと意識するようになります。

終業後に副業を行うには、定時に帰るのが大前提になるので、そのためにはどうしたらいいか、と考えるようになります。逆算して計画を立てて定時に帰るように努力するのですが、それでも突発的な出来事は起こります。そういうものは仕方ないとして、**とにかく定時に帰ると決める**。これが大事です。

ちなみに、4章で紹介した武田さんの場合、平日5日間のうち2日と、土日のどちらかを副業に充てています。本業に支障をきたさないように配慮するのはもちろん、家族との時間もしっかり確保しています。そのためには、普段の時間管理が最重要です。

会議もダラダラ長引かせてはいけません。それまでは「まあ今回は軽く話し合いをして、次回で正式に決めたらいいか」と考えていたことが、もったいなく感じるようになります。「今日はこれを決めよう」という具合に、その会議のゴールを設定して時間内にクリアすることを心がけます。

取引先に対しても一緒です。「来週はここまでプロジェクトを進めたいから、何日前までに、これに関する資料をメールしてほしい」という形で、指示を明確に出すようにしています。こうした細かいことの積み重ねですが、**しっかり根回しをしてスピーディーに業務を進めやすくすることが、副業と本業を両立させるコツと言えるでしょう。**

会議や商談の時間を5分短縮するだけでも、それが1日3回あれば15分になります。40分の通勤時間で5000円ぐらい稼いでいる人であれば、15分あれば、それだけでも1000〜2000円ぐらいの価値になるわけです。まさに「時は金なり」です。

⦿――飲み会を断っても気にしない

会社の飲み会も、ムダな時間の一つ。飲み会を断ることも、全然抵抗がなくなります。

会社の飲み会で交わされている会話は、必ずしもポジティブなものとは言えません。副業をしている人は、常に未来志向になります。ところが、会社の飲み会で交わされる会話は、「あの人は昔、○○をやった」「過去に○○をしたから今こうなってる」といった過去の話ばかり。ひどいケースだと、終始愚痴しか言わないこともあります。「今度、こういうことをやりたい」という前向きで未来志向の話にはほとんどなりません。

愚痴を言ったり、修正できない過去のことをぐだぐだと話していても、時間がもったいないです。

本当にお世話になった人の送別会などを除いたら、**会社の飲み会なんて行く意味ない**のです。忘年会とか暑気払いとかも、欠席したっていいと思います。

「付き合い悪いって思われるかな」と最初は心配になるかもしれませんが、意外と誰も気にしないものです。仕事さえきちんとしていれば、文句を言われる筋合いはないわけですし、言われたらまた考えればいいだけです。

私は副業を始めてから、上司との交流も増えて、いろいろ気にかけてくれるケースが増えました。部内の飲み会にはほとんど顔を出さなかったので、付き合いは悪いほうでしたが、それでも本業で結果を出していると、褒められたり一目置かれたりするケースがすごく増えました。私の場合は副業がうまくいった後、会社を辞めて独立しましたが、そのまま残っていれば管理職にもなれたかな、という手応えもありました。

副業をしていると時間が貴重になるので、ボーッとしている時間が減ります。考え方も、自然とポジティブになり、周りの見る目も変わったのではないでしょうか。

⊙──世の中のスピードにもついていける

副業を続けていると、世の中の変化や新しいサービスに対しても、自然とアンテナが張れるようになります。

たとえば、「**Saleshub**（**セールスハブ**）」。これも副業にアンテナを張っている人であれば、わりとよく知られているウェブサービスです。

これは、「お客さんを紹介してほしい企業」と「お客さんを紹介できる個人」をマッチングさせるサービスで、企業が求めているお客さんを紹介することで、副収入が得られます。スマホ決済の導入を検討している飲食店の経営者をIT企業に紹介したり、建築業界の経営者をOA機器のリースを行っている会社に紹介したりします。

今までは何百件も電話営業をしながら探していた顧客を、「紹介」という形でネットで見つけられる画期的な仕組みで、企業にとってもメリットが大きい。まさに今ドキのサービスですが、副業に積極的な人なら、そういうものにも瞬時にアンテナが働きます。

副業をしていると無駄なことに時間を費やせないので、仕事のポイントをつかむのがうまくなる人が多いです。**効率の良い方法と悪い方法とか、無駄なことかそうでないかなど、物事の判断基準が明確になり、判断のスピードも速くなるため、生産性が高いパフォーマンスをあげられる。**結果的に本業の成績も上がっていくわけです。

⊙——100万円の時計を身につけて〝オーラ〟が変わった

副業を始めると〝オーラ〟というのか、雰囲気が変わってくる人も多いです。

中国輸入の物販を始めたある男性は、副業を始めて半年後に会ってみたら、表情も柔和になり、自信に満ちた様子に一変していて驚きました。

物販で毎月100万円以上の副収入ができて、余剰資金で仮想通貨を始めたら、それも7倍か8倍ぐらいまで上がった、と堂々と話していたのが印象的でした。

話し方だけでなく、「身だしなみ」も変わっていました。

私はいつも副業アカデミーの受講生に、「服や時計といった身につけるアイテムは、高価で上質なモノを買いなさい」と伝えています。**「少し怖いな」と思うぐらいのリスクを取って良いアイテムを買ったほうが、自分を成長させてくれるからです。**

なんと、彼もその通り実践していて、100万円もする時計を買っていました。

どうりで漂うオーラは依然とはまったく別物でした。

◉——副業で獲得したコミュニティが財産に

副業を始めることで自身のコミュニティが広がり、そこで生まれた人

間関係が本業にも役立つということもあります。

アマゾン物販、ウーバーイーツ、スキルシェアなど、副業の種類はさまざまですが、いずれも必ず人との関わりが出てきます。スキルシェアでは生徒さんとの交流がありますし、アマゾン物販やウーバーイーツであっても、その気になれば仕事仲間と交流するチャンスが出てきます。ツイッターやフェイスブックなどのＳＮＳを通じて仲間を見つけて声をかければ、同業者ということで相手も興味を持ってくれます。

何もない状態でいきなり話を聞かせてくれと言ってもなかなかうまくいきませんが、相手と同じ土俵に立っていれば、仲間として情報交換ができるのです。

ウーバーイーツの場合は、３章でご紹介した尾崎さんが作ったＬＩＮＥグループを活用するのもよし、尾崎さんの設置している休憩所を活用すれば、副業仲間と交流することもできるでしょう。

尾崎さんは将来的には、個人タクシー配車アプリの「ウーバー」が日本で解禁された際には、ウーバーイーツのグループを中心にウーバーにも手を広げていきたいと考えています。そうした社会の新しい動きに対しても、副業仲間から情報を得られる機会が生まれます。

また、**会社以外にもう一つのコミュニティがあることで、考え方も柔軟になります。**

ある共同体では「当たり前」「常識」とされていることが、別の共同体では決して当たり前ではないというのは、よくあることです。本業の会社の常識に染まって硬くなっていた思考回路が、副業の人間関係に触れることで柔軟になり、新たな発想を生み出しやすくなります。会社の人には相談しにくいことも、本業と関係のない人であれば、しがらみを気にせず話ができることもあるでしょう。

まさに副業で獲得したコミュニティが、もう一つの財産となるのです。

SNSがきっかけで副業がバレた内藤さんの失敗談

本業にいい影響ばかりある副業ですが、やり方に気を付けないと足をすくわれ、本業に支障をきたす可能性もあります。

最大の失敗は1章で述べた通り「何も行動しないこと」ですが、行動した先にも、想定外の出来事はいくつも起きます。そのことを象徴する例をご紹介します。

不動産関係の会社に勤めている内藤さん（女性）は、現在44歳ですが、40歳になったのを機に副業に興味を持ち始めました。

勤め先の職場では3年おきに全国転勤があるため、将来設計を考えたときに、「これでは大切な人のそばにいることができない」と気付いたそうです。慣れない土地で一から人間関係を築いていくことにも、負担を感じていました。

また、シフト制のため土日も関係なく働きます。友人と会う機会も減り、会社の人との付き合いが増えてしまい、自分の世界が広がらないことが、大きなストレスになっていました。

「会社にこれ以上依存するのは良くない」

そう危機感を抱いた内藤さんは、6章で紹介した「アマゾン物販」を始めます。

もともと事務処理能力が高い人だったので、順調に収益を上げていきました。読書や登山といった趣味に時間を使うよりも、副業をしているほうが、得られる知識や刺激が大きいとわかり、ポジティブに副業をしていました。

自分の視野を広げるために始めた副業が、収入面でも精神面でもいい効果をもたらしたのです。

内藤さんは、当時の通勤時間は片道40分で、その間にスマホを使ってリサーチし、2～3品ぐらいは目星をつけ、実際に仕入れていました。同じ通勤時間でも、ボーッとしたりスマホゲームをしたりしている人も多いですが、こういうボーッとしたりダラダラしたりしている時間を削ると、意外に時間は作れるものです。

本当は昼休みにも仕入れをしたかったのですが、会社は副業を認めていなかったので、そこは注意して周りに誰もいないときだけスマホを取り出していたそうです。

こうして内藤さんは徹底的なリサーチで正しい仕入れを地道に続け、アマゾン物販は次第に軌道に乗ってきました。

問題が起きたのは、ちょうどそのころでした。副業をしていたことが、会社にバレて注意されてしまったのです。

なぜバレてしまったか。きっかけは「**フェイスブック**」でした。もともと副業を始めたときには、フェイスブック上の会社関係の知り合いは全員「友人」の設定から外していたのですが、仲の良い2人だけは、つながりを残していました。

そして内藤さんは当時、実名を出してメルマガやブログで転売ノウハウを発信していたのですが、そのリンク先をフェイスブックに貼っていたら、友達のつながりをたどって会社関係の人が投稿を発見したようなのです。

仲の良かった2人を残さず、徹底的に会社の人はフェイスブックからは排除しておく必要があったのかもしれません。内藤さんはどうにか事なきを得たのですが、やはりこういうトラブルは未然に防ぎたいものです。

逆に言えば、実名で情報発信をしていても、SNSの使い方さえ気を付ければ、会社の人にバレる可能性はまずありません。

副業に関するメルマガやブログなんて星の数ほどありますし、会社の同僚の名前を検索してみようなんて、普通のサラリーマンはなかなか思わないからです。

それでも万全を期す必要がある場合は、**実名をネット上で一切出さなければ決してバレることはないでしょう。**

7 章のまとめ

副業をやればやるほど、作業スキルだけでなく自信や人間的な魅力が増し、本業も加速する。また、副業で得たコミュニティやそこで聞いた情報が本業に活きるケースも多い。

副業が本業にも活きる

現状を打破する 第一歩

本業と副業を両立させるためにも、

「会議や商談の時間を減らす」

「飲み会に行かない」。

8章

思考と行動を変えればすべてうまくいく

～副業成功者が実践する「12の習慣」

Key word

- 「ありがとう」の対価
- 「楽観的➡悲観的➡楽観的」
- 他者との「摩擦」

つらいときこそ、
成功者に自分を重ねろ！

本書の最終章としてお伝えすることは、副業で成功するための「習慣術」です。これまで多くの受講生を指導してきて、うまくいく人に共通するいくつかの特徴がありました。それを12に分けてご紹介します。

副業をやってみたものの、なかなか結果が出ない、モチベーションが上がらないというときは、本章を読み返してください。

もちろん、副業をやったことのない人でも参考になる成功の法則ばかりです。

副業成功者の習慣①　時代の変化に期待する

現在のところ、副業を解禁している企業は15～20％程度で、まだ一部に過ぎません（次ページの図参照）。でも、今後の世の中の流れとしては、まず間違いなく、副業を解禁する企業が増えてきます。政府が副業を推し進めていますし、副業を認めないと、企業に優秀な人材が集まりません。あと5年か10年もしたら、サラリーマン同士で「今、副業いくつやってる？」なんて会話が、ごく普通に交わされるときが来るでしょう。

勤め先の副業認可状況

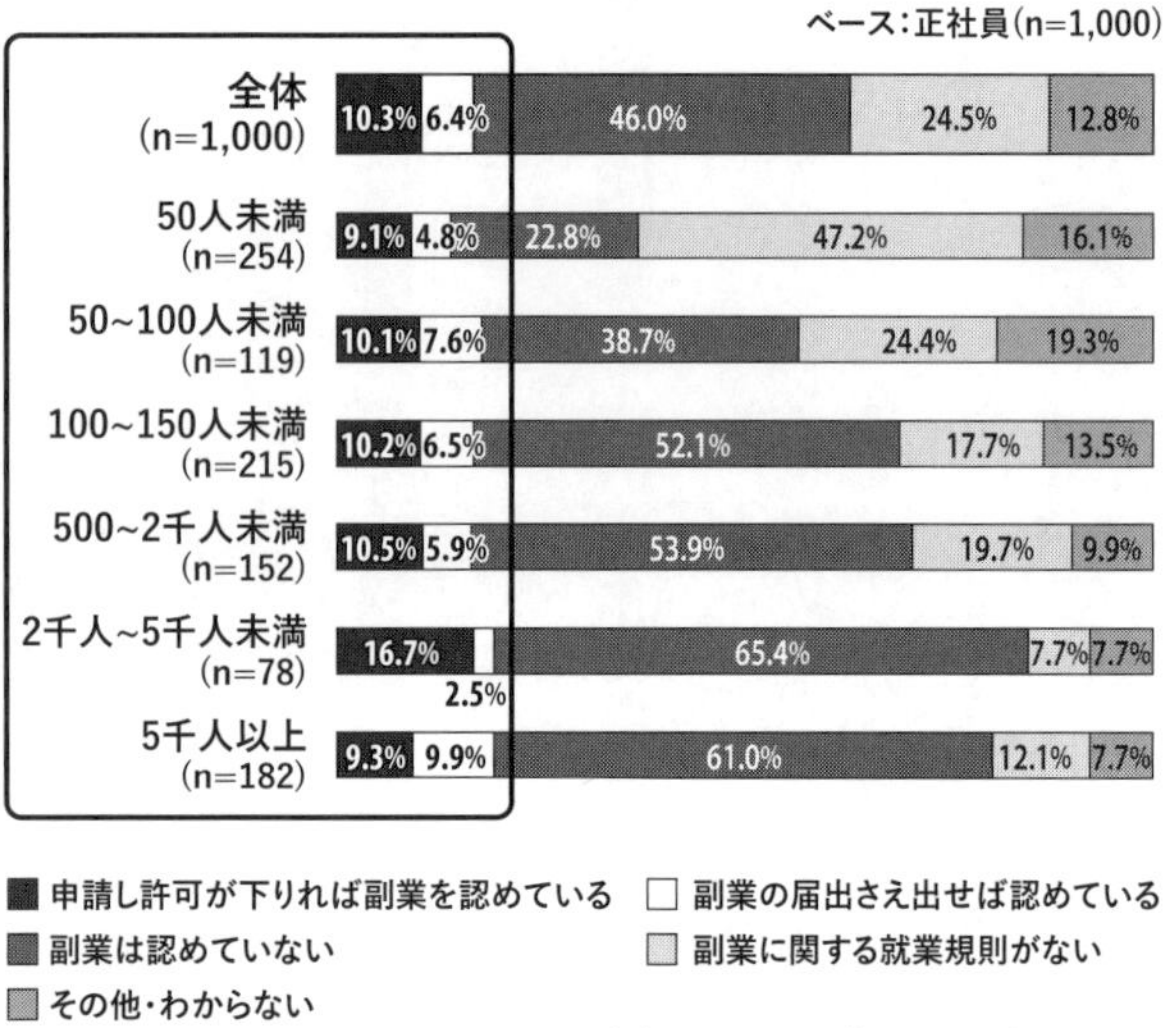

出典：マクロミル「HoNote通信」vol.151

そういう時代が来たら、きっと今では想像もつかないような新しい副業が、いくつも生まれていると思います。

たとえば最近では、AI（人工知能）技術の開発に協力するという副業で、グーグルのAIスピーカー（スマートスピーカー）「グーグルホーム」に向かって、「オッケー、グーグル」と1000回ぐらい言い続けるという変わった仕事もあります。何万パターンもの「オッケー、グーグル」を収集するサンプルが必要だからです。こんなことが副業になりうるとは、数年前には誰も思いつかなかったと思います。

きっと来年、再来年以降もどんどん新たな副業が生まれてくるので、未来に対してはもっと期待感を持って考えていいと思います。時代はどんどん変わっていくので、チャンスは常にあります。

ただ、未来に対する期待感を持っていないと、その可能性に気付くことができません。未来が変わっていく以上は、**あなたが今変わらないと、未来をつかまえることもできないのです。**

結局は、すべて自分次第ということです。

副業成功者の習慣②　ベストな選択肢をつくり出す

未来に対するアンテナを常に磨いて、チャンスが来たらすぐつかみに行ってほしいのですが、今の教育ではこれを否定する考えもあるようで、驚きました。

チャンスをゲットしないことを肯定するようなエピソードとして、小学校の道徳の授業で使われる「手品師」というストーリーをご存じですか？

かいつまんで言うと、売れない手品師が、ある日、家族に恵まれない気の毒な少年に町で出会います。そこで、手品を見せてあげたら少年がすごく喜んでくれた。それで少年に「明日も来てくれる？」と聞かれて、「来るとも」と手品師が少年に約束します。

ところがその夜、友人から「明日、大劇場でおまえを舞台に立たせる段取りをつけたから、ぜひとも来い」と言われ、手品師は葛藤します。「明日、少年と約束があるから、どうしよう」、と。

結局、手品師は少年との約束を優先して、大劇場の舞台に立つというビッグチャンスを捨ててしまう。そして、そういう生き方を肯定するストーリーです。

私はこのストーリーを読み、どうしても納得できませんでした。

A 大きなチャンスを捨て少年との約束を守る手品師＝**「誠実に生きる貧乏人」**

B 少年との約束を反故《ほご》にして自分のために大舞台に立つ手品師＝**「不誠実に生きる金持ち」**

というように、二者択一で考えること自体がそもそもおかしいからです。

少年との約束を守るのはもちろん大事ですが、少年を喜ばせてあげて、同時に大劇場の舞台に出られるという、そういう道を探るのがベストではないでしょうか。

たとえば、その少年を大劇場に連れて行くとか、誰かに手紙を渡して「明日はどうしても行けないけど、明後日《あさって》見せるからね」という形でリカバリーする。そういったパラドックスを両立させる最善策を導き出す能力こそ、仕事に限らず、あらゆる局面で求められると思います。

「誠実な貧乏人か、不誠実な金持ちか」という二者択一しかない、なんてことはなくて、**「誠実な金持ち」という道ももちろんあります**。重要なのは、「目の前には2つの選択肢しかない」と思考停止するのではなく、もっと柔軟に考えてベストな選択肢をつくり出すことなのです。

副業成功者の習慣③

お金を儲けることは「ありがとう」の対価と考える

副業が軌道に乗ってくると、本業ではないことでお金を受け取ることに負い目を感じてしまう人もいます。たくさんお金を稼ぐということに対して、あまりいい印象を持たない風潮が日本社会には多かれ少なかれあるからです。

清貧の思想であったり、ボロを着ていても心は錦というように、金銭的な豊かさを求めることは良いことではないと思っている人が、少なからずいます。

でも、その考えは間違っています。なぜなら、お金とは「**ありがとうの対価**」だからです。

パンを売る、歯の治療をする、ビジネスのコンサルタントをする、モノを運ぶ、人を紹介する、写真を撮る等々、お金を儲ける場面というのは、商品やサービスが相手にとって何か価値を生み出したからこそ、その対価としてお金を受け取っているわけです。

いわば、「ありがとう」という感謝の形として、お金のやりとりがあるのだと思います。

きちんとした方法でお金を稼いだのであれば、それはその分だけ「ありがとう」という気持ちをいただいたということです。

そう考えると、お金を儲けるというのは悪いことどころか、世の中にとって良いことだと思いませんか。

お金を受け取ることに負い目を感じる必要はまったくありません。自分が提供した価値や喜びの対価として自信を持ってお金を受け取りましょう。

お金を受け取ったときは、同時に**「自分が提供している価値は何か？」**ということも自問してほしいです。なぜなら、世の中に対して何らかの価値を提供しているからこそ、「ありがとうの対価」としてお金が入ってくるからです。

「営業で売上をあげている」「店頭で洋服を売っている」「手を動かしてモノを作ったり運んだりしている」「困っている人の相談に乗っている」などは、すべて誰かのために価値を提供していることにほかなりません。

なかには、たとえば大きな会社の総務部にいて、自分は何も価値を提供できていないと思う方もいるかもしれませんが、それは大きな間違いです。なぜなら、誰かが総務という仕事をすることで、営業部や技術部、広報といった多くの仲間たちが、その会社で自分たちの仕事に全力を尽くすことができるからです。

どんな仕事も、必ず提供している価値があり、誰かの役に立っているのです。これは本業でも副業でも、すべての仕事に共通して言えることです。

うまくいかないときこそ、**「副業で自分の提供している価値は何か」と問い、同時に「本業で自分の提供している価値は何か」と考えてみてください。**日々の仕事に追われていると、そういうことを考える余裕を失いがちですが、本質的なことなので、ぜひ振り返ってみるといいでしょう。

副業成功者の習慣④ 「思いやり」「誠実さ」「実績」のバランスを保っている

世の中を見渡してみると、経済的に成功していても、時間的に成功していない人はたくさんいます。お金持ちになれても、いつも時間に追われているようなパターンです。

逆に、時間的に成功していても、経済的に成功していない人もたくさんいます。時間に余裕はあっても、金銭的には苦しいというパターンです。

また、経済的にも時間的にも成功しているのに、人間的に成功していない人もたくさんいます。人間的な成功というのは、ここでは愛する家族や素敵な仲間に囲まれている状態のこととしています。

経済的な成功だけでなく、時間や人間関係の面で豊かになって初めて、人は幸せを感じます。ところが、経済的にも、時間的にも、人間的にも成功している人は意外なほど少ないのです。

では、どうしたら、物心両面で自分を満たすことができるのでしょうか。何を幸せと感じるかは人それぞれなので明確な答えはわかりませんが、経済的・時間的・人間的な成功を手にしているなと感じる人にお聞きした話が、とても印象に残っています。

それは、**「思いやり」「誠実さ」「実績」の3つを兼ね備えている人が、経済的・時間的・人間的な成功を手にしているケースが多い**というお話でした。

もちろん、成功するためには新しいことに挑戦できる行動力や継続力を備えていることは大前提ですが、それだけでは足りないのです。

思いやりや誠実さはあっても、実績が伴っていないと経済的な豊かさはついてきません。逆に、実績がいくらすごくても、思いやりや誠実さに欠けていると、人間関係には恵まれないでしょう。

3つのうちのどれかが欠けていると、人から慕われているけどお金がなかったり、お金はたくさんあるけど喜びや楽しみを分かち合える家族や仲間が周りにいなかったり、満たされない状況になってしまいます。

この3つを兼ね備えることは、口で言うほど簡単なことではありません。実績を出そうと必死になっているときは、どうしても周囲の人への思いやりが欠けてしまうこともありますし、人を裏切らないよう誠実に接しようとするほど、なかなかいい結果が出ないこともあると思います。

それでも、少しずつでいいので着実に3つのバランスが取れるように努力することで、心豊かで裕福で、愛する家族や仲間に囲まれた幸せな人間になっていけるのだと思います。どれかに偏ることがないように、常に3つのバランスを意識してみてください。

副業成功者の習慣⑤

モノを買うのが早い、入金が早い

副業によって入ってくるお金が増えてきたら、「お金の使い方」にも気を付けてほしいと思います。成功者に共通する習慣の一つとして、「**入金が早い**」ということが言えます。

自分を例に出すのは少し気が引けますが、先日、妻と一緒にネットで家具を買おうしたときに、こんなことがありました。

妻「この家具どう?」
筆者「お、いいね!」
妻「これがいちばん良いかなと思うんだけど……」
筆者「これにしよう!」
妻「もう少しほかにもいい家具があるか、探してみようかな……」

筆者「いや、この家具が良いと思うよ！　決済するね。**ポチッ**（クレジットカードで決済完了）」

妻「本当、お金払うの早いよね……」

みなさんは、自分がモノやサービスにお金を払うときの〝スピード感〟を意識したことはありますか？　多くの人は、お金を払うときは失敗したくないし損をしたくないので、慎重になるケースが多いと思います。でも、妻に言われて気付いたのですが、私の場合はモノやサービスにお金を払うときのスピードが人一倍早いです。

その理由は、主に3つあります。

1つ目は、**お金を払う対象に対するリスペクト**です。

自分がお金を払ってもらう立場だとして、考えてみてください。時には迷うことも仕方ないですが、買おうかな、どうしようかな、と長々と迷った挙句に買ってもらうのに比べて、「これください！」と即決してくれたお客さんのほうが、自分や商品が認められたようで、気持ちいいものです。

2つ目は、**とくに契約が絡む入金については「絶対に約束を守る」という意識が働いているから**です。

たとえば不動産を購入する際の手付金や、テナントの賃料を支払う場合は、相手と取り交わした約束を絶対に守るという意志表示となります。これも逆の立場になるとよくわかるのですが、お金の振り込みが早い人と遅い人を比べると、正直、印象はかなり異なります。もちろん、前者のほうが圧倒的に信頼できます。

そして3つ目。これは意外と気付かない人が多いのですが、**「一刻も早く迷いを払拭《ふっしょく》したい（物事を確定させたい）」という思い**があります。私の場合は、これが最も大きな理由かもしれません。

というのも、ある程度の満足度を得られるモノやサービスを見つけることができたら、「もっとほかに良いものがあるかも……」と探し直すのは、時間のロスが大きいからです。

ほとんどの場合、ある程度の満足できるモノを手に入れられれば、それで後悔するようなことにはなりません。むしろ、あれこれ探し回ると、結局何も決められなくなったり、判断を保留せざるをえなくなりがちです。

美味しいレストランを探すとしたら、「そこそこ良さそうな店」が見つかれば十分であって、「最高にいい店」を見つけようとすると、すごく労力がかかります。ああだこうだといつまでも迷っていること自体が、強いストレスになることもあります。**「ベストチョイス」を選ぶのではなく、「グッドチョイス」を選べればいい。**

これを、覚えておいてください。

副業成功者の習慣⑥ コンビニでお釣りを寄付する

収入が増えてきたら、**「お金の器」**を大きくしていくことも、意識するといいでしょう。

宝くじが当たって大金を手にした人が、その後に破綻してしまうという話をよく聞きます。これはなぜかというと、その人の「お金の器」が大金を受け取るレベルに到達していなかったから。

「お金の器」とは、言い換えれば**「金銭感覚」**でしょうか。1万円を大金と感じる人、10万円を大金と感じる人、100万円を大金と感じる人、1000万円を大金と感じる人。上を見ればキリがありませんが、人それぞれに「お金の器」というものがあります。

この「お金の器」が大きくなっていないときに、突然、大金を手にしてしまうと、ほぼ確実にそのお金を扱いきれなくなって、間違った使い方をしたり騙されたりして、失ってしまいます。「悪銭身に付かず」ということわざにも、通じるところがあると思います。宝くじで1億円が当たってしまった人にも言えることですね。

では、どうやって「お金の器」を大きくすれば良いのでしょうか。誰にでもできる方法としてオススメなのが**「寄付」**です。

寄付をするということに抵抗を感じる人もいるかもしれませんが、そういう人こそ、寄付をしてください。もちろん、大きな金額でなくていいのです。自分が共感する団体や、応援したい団体などへ寄付するのが理想的ですが、いきなりそれはハードルが高いかもしれません。

寄付をしたことがないという人は、**まずはコンビニでお釣りを寄付する**ところから、始めてみてください。1円でも10円でもいいので、社会をより良くしようとしている人たちに対して「ありがとう」という気持ちを持って、コンビニのレジ横にある募金ボックスに寄付してみましょう。自分や家族以外の、どこか遠くにいる人のためにお金を使うことで「お金の器」は少しずつ大きくなっていきます。

副業成功者の習慣⑦ ポジティブな気持ちでお金を使う

お金の使い方のコツとしては、もう一つあります。「**お金は素直な心で潔く使う**」ということを意識してください。

お金を使うときに「なんだかもったいない」「できれば払いたくない」という気持ちでいる人って、かなり多いと思います。いざお金を使うときになると「せっかく貯めたお金が……」「本当にこれにお金を使っていいのかな」「もしかして割高ではないか」なんて気持ちになってしまう人は、決して珍しくありません。正直、昔の私もそういう感覚があったので、その気持ちはとてもよくわかります。

　でも、お金を使うときや支払うときにどのような姿勢・思考でいるかということは、受け取る相手はもちろん、自分自身にも大きく影響を与えます。「もったいない」「損した」というような後ろ向きな気持ちでお金を使う人は、相手にもその心境が伝わってしまいますし、自分自身のセルフイメージも下がってしまいます。

　また、食事をご馳走するような場面でも、ご馳走する人が「もったいない」「損した」という意識でお金を支払うと、そのネガティブな心境はお金を受け取るお店側だけでなく、ご馳走してあげた相手にも伝わります。顕在的というよりは、潜在的に伝わってしまう感覚です。

　人生をどんどん向上させていくような、幸福度の高い人を見ていると、ほぼ100%の確率で、お金の使い方が素直で潔いです。

　そのほうが巡り巡って自分にも良い効果をもたらすということを、経験から学んでいるのでしょう。お金を使うときには、「**いいものを買えて良かった**」「**美味しい食事を味わうことができた**」という感謝の気持ちや、「いいお金の使い方ができた」というポジティブな気持ちを持って、使ってほしいです。逆に言うと、そういう気持ちになれないモノやサービスに対しては、お金を使うべきではないのです。

副業成功者の習慣⑧ 少し背伸びをして買い物をする

私もサラリーマンを辞めたばかりのころは「成金がカッコつけてタワマン（タワーマンション）に住んだり、高級車を買ったりするのは、カッコ悪い」という思いがありました。

ところが、あるとき、「自分がやれてもないのに否定するのも、ダサいな」と気付きました。周囲の経営者たちからも**「住む場所を変えたほうがいい」「車を変えたほうがいい」**とアドバイスされていたので、思い切って都心のタワマンに引っ越して、車もポルシェを買いました。そうしたら、また一段、自分の世界観が変わっていきました。

そのタワマンには不動産会社の経営者が住んでいて、その人から直接物件を紹介してもらえるようになり、投資家やトレーダーの方とも出会えました。副業アカデミーの講師の一人との出会いも、同じマンションの住人からの紹介がきっかけでした。

都心のタワマンに住んでいると、ふとしたタイミングで「同じマンションに住んでいる知り合いを紹介しますよ」「今度飲みに行きましょう」という機会に恵まれます。

もちろん、タワマンに引っ越したら、優秀な仲間と出会えるなんて保証はどこにもないのですが、ワンランク上の環境に身を置くと、ワンランク上の人たちが暮らしているのは間違いなく、そこには自分の世界観を引き上げてくれるチャンスやヒントもたくさん存在するのです。


車も、乗り心地の良さやセルフイメージを上げるアイテムの一つですが、私の場合、目上の人を乗せたときに恥をかかせないという意味合いが大きいです。

以前は100万円以下で手に入れた中古のミニバンに乗っていました。ところが、目上の不動産会社の社長を高級ホテルまでお乗せする機会があり、ホテルの駐車場に行くと、マセラッティやベンツ、ランボルギーニといった高級車がたくさん並び、その中を国産車のミニバンで乗り付けるのは、さすがに恥ずかしかった。

もちろん、助手席に座る社長の心中は穏やかではなかったでしょう。翌日、その社長のもとにお詫びも兼ねて、「どんな車を買えばいいか」と相談したところ、「ポルシェがいい」とアドバイスをもらい早速購入したのです。

買ってみたら会社の経費として減価償却をすることができて、節税効果も大きかった。多くの経営者が高級車に乗っているのは、「カッコつけたいから」というよりも、節税効果が大きいからだったのです。私にとってこれは大きな学びでした。

このように、少し背伸びして買い物をすることは、最高の投資効果を生みます。

副業成功者の習慣⑨ 批判や文句、陰口に流されない

副業を始めようと決意すると、いろいろな困難が立ちはだかると思います。1章でも述べましたが、「**摩擦**」と呼ばれるもので、家族や友人から反対されたり、自分のなかでも迷いが出たりすることもあるでしょう。

そんなときに思い出してほしいストーリーがあります。

昔々、ロバを引き連れた老人と少年が街に向かっていました。少年がロバに乗り、老人がその横を歩いています。人びとが通り過ぎる道中、「年寄りが歩いて子供がロバに乗っているなんて、おかしい」と批判する人たちがいました。2人はその批判はもっともだと思い、ほどなくして老人がロバに乗って少年が歩くことにしました。

しばらく進むと、通りすがりの人が今度は「ヒドいじゃないか！　あの男は子供を歩かせているぞ」という声を聞いたので、2人とも歩くことに決めました。するとすぐに別の誰かが「ロバに乗れるのに、2人して歩くなんてバカじゃないか？」と言ってきたので、2人は一緒にロバに乗ることにしました。

これで何も言われなくなったと思ったら、今度はすれ違った人が「小さなロバに2人で乗るなんて、ロバがかわいそうだ」と言ってきました。少年と老人はその通りだと思い、ロバを担いで行くことにしました。すると橋に差しかかったとき、2人はロバから手を離してしまい、ロバは川に落ちて溺れてしまいました――。

これはイソップ物語の「ロバを売りに行く親子」という話ですが、ある教訓が含まれています。その教訓とは、

「すべての人を喜ばせようと頑張っても、結局誰か批判してくる人がいる」
「すべての人の意見を受け入れていたら、何もできなくなる」

ということです。

そして、このストーリーに込められたメッセージは、「**批判や文句や陰口に屈してはならない。あなたの信念を貫きなさい**」というものです。

これはビジネスや投資の世界でもまったくその通りで、何か新しいことを始めると、必ずリスクが伴います。それに対してダメだと言う人や批判してくる人もいます。

でも、そういう周りの意見をすべて聞いていたのでは、いつまで経っても稼ぐことはできないし、自分の人生にポジティブな変化を起こすことはできません。

もちろん、他人の意見も聞くことも大事ですし、人生の先輩からアドバイスをもらったほうが良いときもあるでしょう。大切な人や尊敬する人、心を許せる人に相談に乗ってもらうことも、時には必要です。しかし、最後の最後は自分自身で決断するしかありません。

「ビジネスを新たに立ち上げる！」「新しい副業を試してみる！」「新たな分野に挑戦する！」など、周りの批判に流されることなく、自分自身の直感と信念を信じて、行動してみてください。それこそ「成功する人生」の秘訣です。

副業成功者の習慣⑩
「楽観的→悲観的→楽観的」に実行する

新しい一歩を踏み出すにあたって不安を感じる人もいると思いますが、それはとても自然なことです。だからこそ知っておいてほしいセオリーがあります。それは、物事を成し遂げるときには**「楽観的→悲観的→楽観的」**の順番で取り組むと、うまくいくことが多いということです。

最初は、「こうありたい」という夢や目標を**楽観的**に設定することがとても大切です。この時点では、新しいことに対して悲観的になって夢や目標が小さなものになったり、そもそも描けなかったりしては何も始まりません。「必ずできる」と自らに言い聞かせて、自らを奮い立たせるべく楽観的に伸び伸びと夢や目標を設定しましょう。

そして計画段階に入ったら、**悲観的**に計画立案することが重要です。どこにどういう障害があるかあらゆる場面を考え、発生する恐れのあるリスクを洗い出し、そのリスクが表面化した場合の対応策もしっかりと想定しておくことが大切です。

ほとんどの場合、心配しているリスクの9割以上は起こらないという法則があります。そう考えておけば勇気も湧いてきます。とはいえ、1割くらいの確率で心配していたリスクが本当に実現してしまうときもあるので、やはり悲観的に計画しておくことで、運が悪かった場合でも冷静に対処していくことができるのです。

そして、いよいよ実行する場面になったら、ここはまた**楽観的**な気持ちになって実行することが大切です。計画段階でしっかりリスクに対しての対応策を用意しているので、実行段階では再び「必ずできる」という自信を持ち、楽観的に明るく勇気を持って行動していきましょう。

このように「楽観的→悲観的→楽観的」という手順を踏んで進めていけば、あなたの新しい挑戦はきっとうまくいくはずです。

◉——「踏み出せば　その一足が道となり　その一足が道となる」

最初は楽観的に取り組んでいても、次第に思うようにいかないことや、テンションが下がってしんどくなるときが必ずと言っていいほどやってきます。

そういうとき、多くの人は「やらない理由」を探し始め、ついには行動をやめてしまうのです。隣の芝生が青く見えて、途中で投げ出してしまうこともあります。でも、そういうことを繰り返しているうちは、大きな結果を得ることはできません。

なぜなら、それは自分のなかにある古い価値観で状況を判断している状態だからです。これまでの自分の価値観や基準値を超えた範囲の行動をしているときは、つらく感じたり、周囲の人から批判されたりすることがあります。

繰り返し言っていますが、それは何か行動したエネルギーが生み出す「摩擦」であって、この摩擦を乗り越えない限り、前に進むことはできません。

「しんどいと感じたときは自分が行動できている証拠」と思って、むしろ快感にして、もう一歩踏み出してください。それができる人は１００人中３人か、多くても５人ぐらいです。そこで頑張れるかどうかが、分かれ目だと言っても過言ではありません。

プロレスラーのアントニオ猪木さんが引退式で詠んだ言葉が、私は大好きです。

「この道を行けば　どうなるものか　危ぶむなかれ　危ぶめば道はなし　踏み出せば
その一足《ひとあし》が道となり　その一足が道となる　迷わず行けよ　行けばわかるさ」

一休さんで知られる一休宗純の言葉とも言われていますが、正しくは、戦後間もない時期に石川県の住職さんで清沢哲夫さんという方が書いた詩のようです。

この言葉は、新しい一歩を踏み出そうとしている人にとっては大きな後押しになりますし、本当にその通りだと思います。

100%答えがわかっている状態で踏み出すことは、不可能です。「楽観的→悲観的→楽観的」という順序で進めていったら、あとは思い切って踏み出し、歩み続けるしかないのです。

副業成功者の習慣⑪ 深く考えすぎない

小さな一歩を踏み出すコツとして、もう一つ知っておいてほしいことがあります。それは「深く考えすぎない」ということです。いい加減に考えて軽い気持ちで適当にやるという意味ではなく、**「しっかりと考えて〝現時点ではこれがベターだ〟と思える結論が出たら、それ以上は深く考えない」**ということです。

なぜ「深く考えすぎない」ことが重要なのかというと、ある程度よく考えたのであれば、さらに長い時間をかけて考えたとしても、それ以上の良い結論は出ないことのほうが多いからです。むしろ、延々と深く考えすぎると、無意識のうちに一度出した結論の弱点を探すようになってしまい、やらない理由をつくって行動しなくなったりもします。

どっちが良いだろうかと迷うこともあるかもしれませんが、多くの場合は「どっちも正解」なのです。迷って同じ考えを堂々巡りさせていると、それだけ時間が無駄になり、決断がブレてしまいます。まずは行動してみて、何か問題があれば、そのときにまたしっかり考えればいいのです。私の場合も「深く考えすぎない」ようにしてからのほうが、いい結果が出やすくなったと感じています。

成功の反対は失敗ではなく、「行動しないこと」です。愛情の反対は憎悪ではなく「無関心」と言われるのと、少し似ていますね。「何もしない」「何も考えない」というのでは、人生に何も生み出すことができないのです。**深く考えすぎないことで行動がスピーディーになり、結果に深みが出る**ことはとても多いです。

副業成功者の習慣⑫

「失敗は自分のせい、成功は人のおかげ」と考える

私が大事にしている言葉に、**「失敗は自分のせい、成功は人のおかげ」**というものがあります。

新しいチャレンジをしていると、失敗することは少なからずあります。受験に失敗した、副業でなかなか収益が出ない、投資で損失を出してしまった、意見の違う人と口論になってしまった等々、いろいろなことが起きます。

こういうときに、ついつい他人のせいにしたくなる気持ちというのは、誰にでもあります。「セミナー講師の教え方が悪かったのだろう」「忙しくて時間がないから結果が出ないのだろう」「あいつが足を引っ張るせいだ」というようなものです。

でも、こうして失敗の原因を自分以外の何かのせいにしたり、環境が悪いとか景気が悪いと外部のせいにしていても、成長はできません。

うまくいっているときは自分を優秀な人間だと思い込み、うまくいかない場合は自分以外の環境のせいにしてしまう人は、凡人の証拠です。「失敗は人のせい、成功は自分のおかげ」という思考でいる限り、成功する確率は極めて低くなります。

しかし、**これが逆になると人生が好転し始めます。**

「失敗は自分のせい、成功は人のおかげ」ということです。

うまくいかないときは自分の責任と捉えて、うまくいっている場合は人のおかげと考えてみるのです。すべての結果には原因があり、その原因をつくっているのは、自分自身なのです。

このことに気付き、日々心がけることができれば、きっと良い結果がついてきます。

⦿――ハーバード大学「非公認」の教訓に学べ

これは「ハーバード大学の図書館の壁に書かれている教訓」として一時期話題になったものです。実際にはそれは〝デタラメ〟で、ハーバード大学の図書館の壁にそんな言葉は書かれていないのですが、内容は決して悪いものではないので、本章のまとめとして、ご紹介させてください。

1　今眠れば、あなたは夢を見る。今学習すれば、あなたは夢が叶う

2　あなたが無駄にした今日は、どれだけの人が願っても叶わなかった未来である

3　物事に取りかかるべきいちばん早いときは、あなたが「遅かった」と感じた瞬間である

4　今日やるほうが、明日やるよりも何倍も良い

5　勉強の苦しみは一瞬のものだが、勉強しなかった苦しみは一生続く

6　勉強するのに足りないのは時間ではない。努力だ

7　幸福には順位はないが、成功には順位がある

8　学習は人生のすべてではないが、人生の一部として続くものである

9　苦しみが避けられないのであれば、むしろそれを楽しめ

10　人より早く起き、人より努力して初めて成功の味を真に噛みしめることができる

11　怠惰な人が成功することは決してない。真に成功を収める者は、徹底した自己管理と忍耐力を備えた者である

12　時間は、一瞬で過ぎていく

13　今の涎《よだれ》は将来の涙となる

14 犬のように学び、紳士のように遊べ

15 今日歩くのをやめれば明日からは走るしかない

16 いちばん現実的な人は、自分の未来に投資する

17 教育の優劣が収入の優劣

18 過ぎ去った今日は二度と帰ってこない

19 今この瞬間も相手は読書をして力を身に付けている

20 苦しんでこそ初めて進める

いかがでしょうか。これらの言葉には、成功するためのポイントが集約されています。みなさんも、くじけそうになったときは読み返して、どうか歩みを止めないでください。

8 章のまとめ

長くサラリーマンだった人にとって、副業は新しいチャレンジ。当然、思った通りの成果が出なかったり、周囲との「摩擦」も生じる。そのときは、成功者の習慣を真似してみる。

世間の常識に囚われず
見方を変えて考える

お金=不誠実

お金=感謝の証

現状を打破する **第一歩**

副業成功者が実践する
「12の習慣」を
真似してみる。

おわりに

——副業を志すすべての人に伝えたいこと

「副業」には、まだまだ「何から始めればいいかわからない」「本業に支障が出そう」「不安、怖い」というイメージを持っている人も多いかもしれません。

私がまだサラリーマンだった26歳のころ、副業を始めなくてはいけないと決心したときも、同じような気持ちはありました。

しかし、将来に対する危機感が原点となって、不安な気持ちがありながらもほんの少しだけ勇気を出して、取れる範囲のリスクのなかで、少しずつ副業にチャレンジしていきました。そうして次第に、「副業にはたくさんの選択肢がある」ことがわかってきました。

あまりリスクを取りたくない人には、リスクを抑えて毎月数万円の収入を得る副業があり、会社の本業に支障が出ることが不安な人には、就業規則上においても問題がないレベルの副業があり、自分が好きなことを仕事にしたいという人には、得意分野で収入を得る副業があります。大きく人生を変えたい、収入をたくさん得たいという人には、ある程度のリスクを取って大きなリターンを目指す副業もあります。

私は26歳から副業を始めましたが、最初は勤めている会社に一生勤務するつもりでやっていて、副業が少しでも本業の足しになってくれればそれで良いと思っていました。しかし、毎年負える範囲のリスクを取って、少しずつチャレンジを続けていくと、成功と失敗を繰り返しながらも少しずつ人生の景色が変わっていきました。

副業を始めて3年が過ぎると、収入が増えたことで自分自身に自信がつき、本業のパフォーマンスも飛躍しました。本業での評価が上がり、昇進や昇給も加速したのです。

副業は必ずしも「本業を辞めるために始める」ものではなく、「安心して本業に取り組めるようになる効果」や「処理能力が上がることで、本業が加速するという効果」「辞めるか辞めないか、を選べる状態になれる効果」なども十分期待できます。

結果的には、副業を始めてから5年後ぐらいに、お世話になっていた会社を辞める決意をしました。
副業のおかげで自分の人生が変わり、大切な人を守れる力を手に入れることができたので、今度はその経験を活かして、私と同じような未来を求めている人たちへ副業の手段や考え方をお伝えすることに人生の時間を費やしたい。そう考え、現在、副業アカデミーを開校し、副業を志す人やパフォーマンスを高めたい人たちをサポートしています。

こうした私の経験は、副業成功者の一例に過ぎませんが、副業を志すすべての人の支えにもなると確信しています。
本書をきっかけに、多くの人が副業に挑戦し、それぞれの人が自分の人生をより良いものにしていってくださることを願っています。副業を続けていくなかで、不安や悩みが生じたときは、もう一度本書に立ち返ってみてください。

本書は、担当編集者であるＰＨＰ研究所の大隅元さんの発意のもと、ジャーナリストの西谷格《にしたにただす》さん、副業アカデミーの講師や受講生たちの力を借りながら、まさに「スクラム」を組んで制作にあたりました。「これからの日本が目指すべき、新しい働き方を示そう！」という彼らの思いと熱量がなくては、本書は完成しなかったでしょう。

関わっていただいたすべての方に感謝の気持ちを述べたいと思います。

最後に、大切なことなのでもう一度言います。

「行動して継続できる人」は本当に少なく、それができるだけで、多くの人より一歩リードすることができるのです。本書を読んで終わりにするのではなく、今、この瞬間を新たな人生のスタートにしてください。

さぁ、動こう！

特別付録

あなたに合った副業を探そう！

イチ押し

「クラウドソーシング」一覧

副業を始めるうえで欠かせないのが、2章で述べた「クラウドソーシング」。サービスの内容や対象、職種の相性などを考慮して、登録しましょう。

■ 総合型

Crowd Works（クラウドワークス）

2012年に設立された日本最大級のクラウドソーシングサイト。サイバーエージェントとも資本提携しており、2014年にはマザーズに上場。登録会員数は200万人以上で、行政からの発注も受けています。

Lancers（ランサーズ）

2008年にサービスを開始し、200万件を超える依頼実績を持ちます。クラウドソーシングの先駆けとしての存在感があり、「フリーランス実態調査」も発表しています。

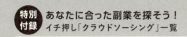

JOB HUB（ジョブハブ）

人材派遣会社パソナグループが運営。サポート体制を重視しており、エンジニアやデザイナー、プログラマー、ライターなど、さまざまな職種の人にお仕事を紹介しています。

shufti（シュフティ）

主婦向けに在宅ワークの求人情報を紹介するサイトで、2007年にサービスを開始しました。データ入力や文字起こしといった特別なスキルが必要ないものや、ヨガスタジオに入会した人へのアンケート、商品モニターや座談会などのお仕事を紹介しています。

Skillots（スキロッツ）

イラストや平面デザイン、マンガなどのアート分野に強く、専門学校生からプロまで多数のクリエイターが登録しています。最近では、行政書士やファイナンシャルプランナーなどの案件も募集を開始し、法律相談や家計相談なども行っています。

Yahoo!（ヤフー）クラウドソーシング

企業から提示された課題（タスク）を解決することで、Tポイントが獲得できます。データ収集や新商品のアンケートなどが中心で、報酬は少なめですが、ハードルは低いです。

Craudia（クラウディア）

ウェブサイト運営者やブロガー、アフィリエイターの会員が多く、システム開発やデザイン、軽作業まで幅広く募集。自分のスキルに合った仕事を見つけやすいです。

takk!（タック）

「『できること』と『困りごと』でつながろう」をテーマにしたSNSサイト。ツイッターかフェイスブックのアカウントで登録できます。相談内容は「旅行の計画を一緒に考えてほしい」、「就職活動の相談に乗ります」などさまざま。副業やビジネスというより、会員同士の交流がメインです。オンラインカウンセリングサービスを運営している株式会社cotree（コトリー）が運営しています。

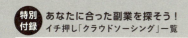

■ ライター系

TALENT（タレント）

株式会社フルスピードが運営し、原稿執筆やイラスト作成を中心にお仕事を紹介しています。依頼主（クライアント）が支払う手数料が比較的安価に設定されているので、さまざまな依頼が集まっています。「結婚指輪についての原稿作成」「マンション購入のポイントについて記事を書いてほしい」など、テーマもさまざまです。

Shinobi（シノビ）ライティング

原稿作成などのライティングに特化したお仕事紹介サイトです。200～300字の短い原稿だと報酬は40円程度ですが、実績を積むには良いかもしれません。脱毛サロンについて、引越し業者について、ワインについてなど、さまざまなジャンルについての紹介文や体験談を数多く募集しています。

REPO（ルポ）

アフィリエイト記事（ブログ風の広告記事）の作成に特化しており、さまざまなキーワードを織り込んだコラム記事や説明文、体験談などを募集しています。会員数は 17 万人で、執筆した記事が却下された場合はサポートも受けられます。

ポチタマライター

ペットの犬や猫に関する記事執筆のお仕事を紹介しているサイトです。愛犬や愛猫と過ごす日常や、楽しかったこと、苦労した思い出、オススメグッズなどの記事を執筆すると、収入が得られます。基本報酬は1記事600円（最大800円）とそれほど高くはないので、サクサク書いていく必要があります。

サグーワークス

記事作成とアンケートの回答に特化したお仕事紹介サイト。原稿チェックの仕事などもあります。記事のテーマは「映画をオススメする記事」「ネット回線に関する口コミ」「婚活に関するコラム記事」「中古車購入の口コミ」など多数あります。

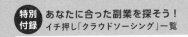

■ デザイナー・クリエイター系

crevo（クレボ）

動画制作に特化したクラウドソーシングサイト。動画制作の技術を持つクリエイターと、動画を制作したい企業をつないでいます。アニメーションを使ったサービス紹介動画や、SNSで流れる動画広告に強みがあります。

99 designs

2008年にオーストラリア・メルボルンで設立され、"世界最大のオンラインクリエイティブプラットフォーム"と呼ばれています。ロゴやウェブサイト、書籍の表紙、名刺、商品パッケージなど、さまざまなデザインを募集しています。依頼主がデザイナーに直接発注するケースと、依頼主がコンペを開催して複数のデザイナーのアイデアから、最も良いものを選ぶケースがあります。

PANDA GRAPHICS（パンダグラフィックス）

スマホゲームやオンラインゲームなどで使われるゲームのイラストに特化したクラウドソーシングサービスです。イラストレーターの登録は無料で、提出したイラストのジャンルや作風などに応じて、お仕事を紹介してもらうことができます。

■ モニター・テスター系

UIscope（ユーアイスコープ）

UI（ユーザーインターフェイス）とは言い換えれば、パソコンやスマホを使う際に、使い手（ユーザー）が直接見たり操作したりする部分を指します。UIscopeではスマホやパソコンのユーザーがどのように機器を操作しているか動画撮影してもらい、同時に感じたことをしゃべってもらっています。特別な知識は必要なく、一般のユーザーがどのように感じながら操作しているかを、依頼主に伝えるお仕事です。

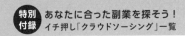

TESTERA（テステラ）

ソフトウェアに不具合や改善点がないかテストするサービスで、操作性の改善などを目指します。テスター登録後に案件を受注したら、テストを行い、レポートを提出します。

■ その他

---

gengo（ゲンゴ）

翻訳専門のクラウドソーシングサイト。マサチューセッツ州出身のマシュー・ロメイン氏が日本で設立したサイトで、世界各国の言語に対応しています。トランスレーター（翻訳家）として登録するには、選択式と筆記式のテストを受ける必要があります。

Conyac（コニャック）

ネーミングの由来は、ドラえもんのひみつ道具「ほんやくこんにゃく」からということで、なかなかユニークです。翻訳に限らず、企業が海外進出する際のサポートも行っており、現地情報の調査などもしています。翻訳者同士で情報交換できる場もあります。

SAGOJO（サゴジョー）

旅行者向けに、全国各地の旅行記事や旅行写真の記事執筆を募集しているサイトです。思わずその土地に行ってみたくなるような記事や魅力的な写真を撮影できるカメラマンには、もってこいでしょう。

mekuru（メクル）

商品レビューやサービスの体験レビューを自身のSNS（インスタグラムやツイッター）に書き込むことで、一定の報酬が得られます。インフルエンサーと呼ばれるSNS上の著名人だけでなく、フォロワー数の少ない人でも登録できます。

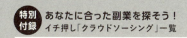

nutte（ヌッテ）

アパレル専門のクラウドソーシングサイトで、縫製技術を持つ職人やパタンナーに、一点物のシャツやドレスの制作を依頼することができます。服飾の専門学校を卒業している人やアパレルメーカーで経験のある人は、登録してみると良いでしょう。

Blabo!（ブラボ!）

「ひらめきを、カタチに。」をテーマに、企業の商品開発などに役立つ声を集めるサイトです。企業から出されたお題に対して自分の考えを書き込むと、アイデアが採用された場合はプレゼントがもらえます。たとえば、「私のお気に入りの冷凍食品」「男性化粧品について思うこと」などのお題があります。

voip!（ボイプ!）

声優やナレーター専門のマッチングサイト。未経験でも自宅から簡単に応募でき、約1万2000人が登録しています。

タスカジ

家事代行サービスを手がけるマッチングサイトで、常時ハウスキーパーを募集しています。時給は1200～2100円で、登録者の3分の1は最高時給の2100円です。仕事内容や働く時間も自由に選べるので、自由度は高いです。掃除・洗濯、料理、整理整頓、チャイルドケア、ペットケアなどの仕事のうち、自分の得意なものだけ選択でき、仕事場所も自宅最寄り駅から何分以内という具合に選べます。

Anyca（エニカ）

個人間でクルマを貸し借りする「カーシェアリング」サービス。自分が使っていない間に自家用車を貸し出すことができるので、維持費の節約になります。

DogHuggy（ドッグハギー）

いわば「犬のホストファミリー」サービス。旅行などで愛犬の面倒が見られないときに、ペットホテルに預けるのではなく、同じ愛犬家の「ドッグホスト」に預けることができます。ドッグホストになるには審査が必要ですが、犬を預かることで副収入を得られます。

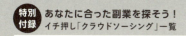

akippa（アキッパ）

空いている駐車場スペースを15分単位や1日単位で貸し出すことのできるサービス。個人間のカーシェアサービス「Anyca（エニカ）」と併用するのもいいと思います。

ストアカ

キャッチコピーは「教えたいと学びたいをつなぐ　まなびのマーケット」。音楽やダンス、語学、絵画、写真撮影など、あらゆるジャンルの「習いごと」を教えることができます。いわゆる「スキルシェア」と呼ばれるサービスで、教える場所や受講料も自分で自由に決められます。

Snapmart（スナップマート）

スマホで撮影した人物写真や風景写真を、広告代理店やクリエイターなどに販売することができるサービスです。自分の撮りためた写真を登録するだけで、副業のチャンスになります。

読者限定プレミアム特典

本書に収められなかった情報を
盛り込んだ特別コンテンツです。
ぜひ、ご活用ください。

▼こちらよりダウンロード方法をご案内▼

http://landing.fukugyou-academy.com/kobayashifukugyou/

特典内容

特典1●無料動画

「副業で人生を成功させるための心構え10箇条」

▶本書の1章で取り上げた内容をより詳しく解説します。

特典2●無料動画

「副業で人生が変わる！副業実践記」

▶本書の著者である小林昌裕が自身の副業経験を紹介。すぐに役立つ㊙テクニックも教えます。

特典3●出版記念講演会にご招待

▶副業を継続させるためのアドバイスや、より稼げるポイントを教えます。

※本特典は、副業アカデミーが提供します。
※お問い合わせは info@fukugyou-academy.com までお願いいたします。

編集協力……西谷 格
本文デザイン・DTP……桜井勝志（アミークス）

PHP
Business Shinsho

小林 昌裕(こばやし・まさひろ)

1982年、東京都生まれ。副業アカデミー代表。明治大学リバティアカデミー講師。2009年にサラリーマンをしながら、不動産投資を始める。14年に退職し、現在は、20余りのキャッシュポイント（物品販売や太陽光発電、大学講師、コンサルティングなど）を持ち、クライアントの収入の柱を増やす活動に尽力している。年間収益は1億円を超える。また、副業を教える学校「副業アカデミー」の運営をしながら、さまざまな大学・企業・団体での講演を通じてあらゆる人の収入の柱を増やす活動をしている。著書に『年収350万円のサラリーマンから年収1億円になった小林さんのお金の増やし方』（SBクリエイティブ）、『ふがいない僕が年下の億万長者から教わった「勇気」と「お金」の法則』（朝日新聞出版）がある。

PHPビジネス新書 402

サラリーマン副業2.0
人生が好転する「新しい稼ぎ方」

2019年3月4日　第1版第1刷発行

著　者　小林昌裕
発行者　後藤淳一
発行所　株式会社PHP研究所
東京本部　〒135-8137　江東区豊洲5-6-52
第二制作部ビジネス出版課　☎03-3520-9619(編集)
普及部　☎03-3520-9630(販売)
京都本部　〒601-8411　京都市南区西九条北ノ内町11
PHP INTERFACE　https://www.php.co.jp/
装　幀　齋藤 稔(株式会社ジーラム)
印刷所　共同印刷株式会社
製本所　東京美術紙工協業組合

ISBN978-4-569-84247-9

「PHPビジネス新書」発刊にあたって

わからないことがあったら「インターネット」で何でも一発で調べられる時代。本という形でビジネスの知識を提供することに何の意味があるのか……その一つの答えとして「**血の通った実務書**」というコンセプトを提案させていただくのが本シリーズです。

経営知識やスキルといった、誰が語っても同じに思えるものでも、ビジネス界の第一線で活躍する人の語る言葉には、独特の迫力があります。そんな、「**現場を知る人が本音で語る**」知識を、ビジネスのあらゆる分野においてご提供していきたいと思っております。

本シリーズのシンボルマークは、理屈よりも実用性を重んじた古代ローマ人のイメージです。彼らが残した知識のように、本書の内容が永きにわたって皆様のビジネスのお役に立ち続けることを願っております。

二〇〇六年四月

PHP研究所